Familien- und Teenager-Leitfaden für Cybersicherheit

Wichtige Werkzeuge und praktische Strategien zum Schutz von Kindern und Jugendlichen vor Online-Gefahren und digitalen Abhängigkeiten

Von Joe Correa

Veröffentlicht von Live Stronger Faster

Erste Auflage

Inhaltsverzeichnis

Einleitung

Wir ziehen die erste Generation von Kindern groß, die niemals ein Leben ohne das Internet kennengelernt hat. Von dem Moment an, in dem sie ein Tablet oder Smartphone halten können, tauchen unsere Kinder in digitale Erfahrungen ein, die beeinflussen, wie sie denken, fühlen, interagieren und lernen. Soziale Medien, Online-Gaming, Streaming-Inhalte und digitale Lernplattformen sind längst keine Option mehr – sie sind ein fester Bestandteil des täglichen Lebens von Kindern und Jugendlichen auf der ganzen Welt geworden. Doch trotz all der Bequemlichkeit und Möglichkeiten, die diese Technologien bieten, ist das Internet zu einem zweischneidigen Schwert geworden. Mit dem Zugang kommt auch die Konfrontation – mit Cybermobbing, ungeeigneten Inhalten, Online-Raubtieren, Betrug, Fehlinformationen und der unsichtbaren Falle der digitalen Abhängigkeit.

Als Eltern und Erziehungsberechtigte haben wir oft das Gefühl, ständig hinterherzulaufen. In einem Moment lernen wir noch, wie man App-Benachrichtigungen deaktiviert, und im nächsten hören wir bereits von anonymen Chat-Plattformen, Deepfake-Videos oder viralen Challenges, die reale Gefahren mit sich bringen können. Und weil täglich neue Plattformen, Funktionen und versteckte Risiken entstehen, fühlt man sich schnell überfordert und machtlos. Doch hier ist die Wahrheit: Sie müssen kein Technikexperte sein, um Ihr Kind online zu schützen – Sie brauchen lediglich die richtigen Werkzeuge, die richtige Einstellung und die passende Anleitung. Dieses Hörbuch wurde entwickelt, um Ihnen genau diese Stärke zurückzugeben.

Sie sind die erste Verteidigungslinie Ihres Kindes, und Ihr Einfluss ist weit wichtiger als jede App, Firewall oder Filtersoftware. Dennoch reicht Intuition allein nicht aus. Sie brauchen ein Bewusstsein für Risiken, die sich oft direkt vor unseren Augen verbergen. Sie brauchen Strategien, um Grenzen zu setzen, die Vertrauen statt Widerstand schaffen. Und Sie brauchen praktische Lösungen – von der Einrichtung von Kindersicherungen bis hin zum Erkennen von Warnsignalen – damit Ihr Kind sich sicher in einer digitalen Welt bewegen kann, die sowohl voller Wunder als auch voller Gefahren steckt. Betrachten Sie dieses Buch nicht als eine Sammlung starrer Regeln, sondern als einen flexiblen Leitfaden, den Sie an das Alter, die Persönlichkeit und das individuelle digitale Leben Ihres Kindes anpassen können.

Unser Ziel ist es, Ihnen dabei zu helfen, digital kompetente Kinder großzuziehen – nicht nur Kinder, die problematische Inhalte meiden, sondern Kinder, die lernen, Informationen kritisch zu bewerten, ihre Privatsphäre zu schützen und ungesunde Verhaltensmuster zu erkennen. Digitale Sicherheit bedeutet nicht nur, Gefahren zu vermeiden. Es geht darum, Widerstandsfähigkeit, Selbstvertrauen und gesunde Gewohnheiten aufzubauen, die Ihrem Kind noch lange nach dem Verlassen des Elternhauses zugutekommen werden. Genauso wie wir Kindern beibringen, vor dem Überqueren der Straße nach links und rechts zu schauen, müssen wir ihnen beibringen, nachzudenken, bevor sie klicken, Inhalte teilen oder Fremden im Internet vertrauen.

Im Verlauf dieses Hörbuchs werden wir die häufigsten – und gefährlichsten – digitalen Bedrohungen für Familien erklären, darunter Cybermobbing, Sextortion, Betrug in Online-Spielen, Identitätsdiebstahl und die dunkleren Seiten sozialer Medien. Gleichzeitig möchten wir Hoffnung vermitteln: echte Werkzeuge, echte Gespräche und echte Wege, um Ihre Kinder zu sicheren und verantwortungsbewussten digitalen Bürgern zu machen. Wir werden die neuesten Kinderschutz- und Kontrolltools vorstellen, aber auch zeigen, wie Sie mit Ihrem Kind sprechen können, ohne Angst oder Rebellion auszulösen. Sie erfahren, wie sich gesunde Bildschirmzeit-Gewohnheiten entwickeln lassen, selbst wenn bereits eine starke digitale Abhängigkeit entstanden ist. Und vor allem helfen wir Ihnen dabei, das Online-Verhalten vorzuleben, das Sie sich auch von Ihren Kindern wünschen.

Digitale Erziehung bedeutet nicht ständige Überwachung – sie bedeutet aktive Begleitung. Es geht darum, eine Familienkultur zu schaffen, in der Cybersicherheit, digitaler Respekt und offene Gespräche selbstverständlich sind. Ganz gleich, ob Ihr Kind 6 oder 16 Jahre alt ist – es ist niemals zu früh oder zu spät, damit zu beginnen. Sie können mit kleinen Veränderungen anfangen, gesunde Grenzen etablieren und eine technikfreundliche Umgebung schaffen, die Lernen, Kreativität und Verbindung fördert – und gleichzeitig vor Schaden schützt.

Die Online-Welt kann gefährlich sein, ja. Aber sie kann auch stärkend, lehrreich und voller Möglichkeiten sein, wenn sie verantwortungsvoll genutzt wird. Ihre Kinder verdienen sowohl Zugang als auch Schutz. Sie verdienen Privatsphäre und Orientierung. Und sie brauchen Sie – heute mehr denn je –, um die digitalen Lebenskompetenzen zu erlernen, die Schulen oft nicht vermitteln. Dieses Hörbuch wird Ihnen dabei helfen, genau das zu tun – Kapitel für Kapitel. Beginnen wir.

Kapitel 1: Die Digitale Welt, In Der Unsere Kinder Leben

Heute wachsen Kinder und Jugendliche in einer Realität auf, in der das Internet nicht einfach nur ein Werkzeug ist — es ist eine eigene Welt. Anders als frühere Generationen, die sich noch an eine Zeit vor Smartphones erinnern können, ist diese Generation seit ihrer frühen Kindheit vollständig in digitale Umgebungen eingetaucht. Von Lern-Apps und YouTube Kids bis hin zu Online-Spielen und sozialen Netzwerken verbringen junge Menschen einen großen Teil ihres Lebens online. Und obwohl viele dieser Technologien Kreativität, Wissen und Verbindung fördern, bringen sie gleichzeitig verborgene psychologische und sicherheitsbezogene Risiken mit sich, derer sich viele Eltern kaum bewusst sind.

Kinder im Alter von nur drei Jahren nutzen heute regelmäßig Tablets und Smartphones. Viele besitzen bereits eigene YouTube-Kanäle, beteiligen sich an Gaming-Communities oder verwenden Sprachsuche für Schule und Unterhaltung. Und noch bevor sie Teenager werden, sind viele bereits absichtlich oder versehentlich mit Inhalten in Berührung gekommen, die ihre Eltern als ungeeignet für ihr Alter ansehen würden. Ob über den „Für Dich"-Feed auf TikTok oder einen geteilten Link eines Freundes — Kinder werden ständig mit neuen Medien konfrontiert, oft ohne Aufsicht oder erklärenden Kontext durch Erwachsene.

Auch soziale Interaktionen haben sich drastisch verändert. Die Zeiten, in denen Kinder nach der Schule einfach draußen gespielt haben, sind längst vorbei. Heute entstehen und bestehen Freundschaften über Gaming-Chats, Snapchat-Streaks, Instagram-Kommentare und geteilte TikTok-Videos. Jugendliche kommunizieren über verschwindende Nachrichten, anonyme Foren und Gruppenchats, in denen der soziale Druck zur Teilnahme hoch ist — selbst wenn die Inhalte fragwürdig sind. Viele Eltern haben Schwierigkeiten, mit der Sprache, den Trends und den Apps Schritt zu halten, die ihre Kinder verwenden, wodurch eine gefährliche Wissenslücke entsteht.

Zu verstehen, wo Kinder ihre digitale Zeit verbringen, ist der erste Schritt, um sie zu schützen. Beliebte Plattformen unter Kindern und Jugendlichen sind YouTube, TikTok, Roblox, Discord, Snapchat und Instagram. Jede dieser Plattformen hat ihre eigene Kultur, ihre eigenen Risiken und individuelle Datenschutzeinstellungen — und nicht alle sind so kinderfreundlich, wie sie auf den ersten Blick erscheinen. Roblox mag harmlos wirken, doch die Chatfunktionen können junge Nutzer mit Fremden in Kontakt bringen. TikToks

Algorithmus kann unangemessene oder gefährliche Challenges verbreiten. Discord wiederum, obwohl beliebt bei Gaming-Communities, ist oft kaum moderiert und kann Jugendliche Cybermobbing, Grooming und nicht jugendfreien Inhalten aussetzen.

Ein weiterer wichtiger Punkt ist das Verständnis dafür, wie Technologie bewusst süchtig machend gestaltet wird. Viele Plattformen sind so entwickelt, dass sie Dopamin-Zyklen ausnutzen und Glücksgefühle auslösen, wenn ein Kind ein Like erhält, einen Kommentar bekommt oder ein Spiel gewinnt. Dies kann zu zwanghaftem Verhalten, Angstgefühlen ohne Geräte und sogar zu Entzugserscheinungen führen, wenn Bildschirmzeit eingeschränkt wird. Soziale Anerkennung hat sich ins Internet verlagert, und viele Kinder messen ihren Selbstwert anhand ihrer Follower-Zahlen oder Likes — oft ohne es überhaupt zu bemerken.

Eltern und Erziehungsberechtigte müssen erkennen, dass das digitale Leben ihrer Kinder echtes Leben ist. Es als „nur Bildschirmzeit" oder „nur eine Phase" abzutun, schafft eine Kommunikationslücke. Erwachsene sollten stattdessen mit Neugier statt mit Verurteilung reagieren. Stellen Sie Fragen. Setzen Sie sich neben Ihr Kind, während es Apps nutzt. Schauen Sie sich die Inhalte an, die es konsumiert. Lernen Sie die Spiele kennen, die es spielt. Indem Sie an der digitalen Welt Ihres Kindes teilhaben, bauen Sie nicht nur Vertrauen auf, sondern gewinnen auch Einblick in mögliche Risiken.

Das Ziel dieses Kapitels ist es, Ihre Denkweise zu verändern: Betrachten Sie Technologie nicht wie ein Spielzeug — betrachten Sie sie als Lebensstil. Genauso wie Sie Ihrem Kind beibringen würden, sicher eine Straße zu überqueren, müssen Sie ihm beibringen, sicher durch Apps, Kommentare, Nachrichten und Medienfeeds zu navigieren. Je früher diese Bildung beginnt, desto sicherer wird Ihr Kind. Es geht nicht darum, Technologie zu verbieten — es geht darum, Kinder und Jugendliche zu befähigen, sie bewusst, verantwortungsvoll und mit Anleitung zu nutzen.

Letztendlich legt dieses Kapitel die Grundlage für alles Weitere in diesem Hörbuch. Bevor wir schützen können, müssen wir verstehen. Und um zu verstehen, müssen wir bereit sein, die Welt zu beobachten, zuzuhören und von jener digitalen Umgebung zu lernen, in der unsere Kinder leben. Die folgenden Kapitel werden Ihnen praktische Werkzeuge und Strategien vermitteln, doch alles beginnt mit einer einfachen Handlung: das digitale Leben genauso ernst zu nehmen wie unsere Kinder.

Marias Geschichte

Maria hielt sich immer für eine engagierte Mutter. Sie bereitete das Mittagessen ihrer Kinder vor, half bei den Hausaufgaben und achtete darauf, dass die Familie die meisten Abende gemeinsam zu Abend aß. Doch erst als ihr zwölfjähriger Sohn Ryan eines Nachmittags ungewöhnlich still nach Hause kam, bemerkte sie, dass etwas nicht stimmte — und es hatte nichts mit der Schule zu tun.

Nach einigem behutsamen Nachfragen gestand Ryan schließlich, dass er während einer Gaming-Session in einem Discord-Gruppenchat beleidigt worden war. Es waren nicht nur harmlose Beschimpfungen — die Angriffe waren gezielt, verletzend und kamen von Menschen, die er für seine Online-Freunde hielt. Das Schlimmste daran? Maria wusste nicht einmal, dass er Discord nutzte. Sie dachte, sein Gaming beschränke sich auf Roblox und Minecraft. Von privaten Chats, Sprachnachrichten oder der Möglichkeit, zwischen Gruppen ohne jegliche Aufsicht von Erwachsenen zu wechseln, hatte sie keine Ahnung.

An diesem Abend lag Maria im Bett und scrollte durch App-Store-Bewertungen und Elternratgeber. Sie fühlte sich wie eine Fremde im eigenen Zuhause. Wie hatte sie das übersehen können? Wann war das digitale Leben so kompliziert geworden? Als sie weiter recherchierte, entdeckte sie, dass Ryan auch Konten auf TikTok und Instagram hatte. Sie hatte die Namen zwar gehört, aber nie genauer nachgefragt. Sie war einfach davon ausgegangen, dass Kinder eben Kinder seien. Niemals hätte sie gedacht, dass sich hinter diesen Bildschirmen ganze Ökosysteme verbargen — Orte, an denen Ansehen, sozialer Druck und Gefahren gleichermaßen existierten.

Je mehr sie lernte, desto deutlicher wurde ihr, wie wenig sie eigentlich wusste. TikTok bestand nicht nur aus Tanzvideos. Dort gab es virale Trends, von denen manche riskantes Verhalten förderten. Es gab Filter, die Kinder an ihrem Aussehen zweifeln ließen, und anonyme Kommentarbereiche, die innerhalb von Sekunden grausam werden konnten. Auf YouTube konnten vorgeschlagene Videos ein Kind mit nur wenigen Klicks von harmlosen Zeichentrickfilmen zu Influencern führen, die Produkte oder Ideologien propagierten. Sogar die Spiele, die Ryan spielte, enthielten Chatfunktionen, Freundschaftsanfragen von Fremden und In-App-Käufe, die als „Geschenke" getarnt waren.

Doch Maria geriet nicht in Panik — sie handelte. Sie setzte sich mit Ryan zusammen und bat ihn, ihr seine digitale Welt zu zeigen. Anfangs war er zögerlich. Doch als sie versprach, nicht zu schreien, nicht zu urteilen und ihm nicht alles wegzunehmen, öffnete er sich. Gemeinsam gingen sie jede App durch. Sie überprüften Datenschutzeinstellungen, blockierten einige Nutzer und legten Zeitlimits fest. Vor allem aber entwickelten sie eine neue Gewohnheit – über sein Online-Leben genauso offen zu sprechen wie über Schule, Freunde und Gefühle.

In den folgenden Wochen begann Maria, digitale Erziehung mit anderen Augen zu sehen. Es ging nicht um Kontrolle – es ging um Verbindung. Sie setzte sich während Ryans Bildschirmzeit zu ihm. Manchmal lachten sie gemeinsam über Videos. Manchmal sprachen sie über Dinge, die er gesehen hatte und die ihn unwohl fühlen ließen. Es war augenöffnend. Sie lernte neue Begriffe, Trends und die emotionale Achterbahnfahrt kennen, die daraus entsteht, online gemocht – oder ignoriert – zu werden. Und Ryan? Er fühlte sich zunehmend sicherer, weil seine Mutter nicht versuchte, ihn auszuspionieren, sondern ihn zu unterstützen.

Ihre Beziehung wurde stärker – nicht weil Maria alles verboten hatte, sondern weil sie endlich die Welt verstand, in der ihr Sohn lebte. Sie erkannte sie als das, was sie wirklich war – ein realer Ort voller Magie und voller Minenfelder zugleich. Und sie nahm sich vor, weiter zu lernen, zuzuhören und zu führen – nicht aus Angst, sondern aus Liebe.

Kapitel 2: Online-Gefahren für Kinder und Jugendliche

Das Internet ist ein mächtiges Werkzeug für Bildung, Unterhaltung und Verbindung, doch es besitzt auch eine dunklere Seite — eine Seite, die Eltern nicht ignorieren dürfen. Kinder und Jugendliche sind online besonders verletzlich, weil sich ihre Fähigkeiten zum kritischen Denken, zur emotionalen Kontrolle und zur Urteilsfindung noch entwickeln. Die spezifischen digitalen Gefahren zu verstehen, denen sie ausgesetzt sind, ist entscheidend, um wirksame Schutzmaßnahmen aufzubauen und kluge Entscheidungen zu fördern.

Eine der häufigsten — und schädlichsten — Gefahren ist Cybermobbing. Anders als traditionelles Mobbing, das oft endet, sobald ein Kind die Schule verlässt, verfolgt Cybermobbing Kinder bis nach Hause. Es kann über Textnachrichten, Gruppenchats, Kommentare in sozialen Medien, Gaming-Plattformen oder anonyme Apps stattfinden. Besonders gefährlich ist seine Reichweite und Dauerhaftigkeit — verletzende Beiträge oder Bilder können sofort verbreitet werden und bleiben oft dauerhaft im Internet sichtbar. Kinder, die Opfer von Cybermobbing werden, sprechen nicht immer darüber, weshalb Eltern auf Verhaltensänderungen achten sollten, wie plötzlichen Rückzug, Angst vor dem Internet oder Nervosität im Umgang mit Geräten.

Online-Raubtiere stellen eine weitere große Gefahr dar. Diese Personen geben sich häufig als Gleichaltrige aus und bauen langsam Vertrauen auf, bevor sie ein Kind manipulieren oder ausnutzen. Grooming kann über private Nachrichten auf Plattformen wie Instagram, Discord, Snapchat oder sogar Roblox stattfinden. Täter machen oft Komplimente, schenken virtuelle Gegenstände in Spielen oder teilen ähnliche Interessen, um das Vertrauen eines Kindes zu gewinnen. Mit der Zeit fragen sie möglicherweise nach Fotos, persönlichen Informationen oder schlagen sogar ein Treffen im echten Leben vor. Kindern beizubringen, online vorsichtig gegenüber Fremden zu sein, ist genauso wichtig wie die klassische Warnung, nicht mit fremden Personen zu sprechen.

Auch unangemessene Inhalte sind allgegenwärtig, und Kinder müssen nicht aktiv danach suchen — Algorithmen liefern sie oft automatisch. Plattformen wie TikTok, YouTube und Instagram fördern trendige Inhalte, und manche davon enthalten vulgäre Sprache, sexuelle Themen, Drogenkonsum, Gewalt oder gefährliche Challenges. Selbst kinderfreundliche Apps können durch Werbung, Clickbait oder Schwachstellen in der Moderation irreführende oder unsichere Inhalte anzeigen.

Eine weitere versteckte Gefahr ist der Missbrauch persönlicher Daten. Viele kostenlose Apps sammeln Informationen wie Standortdaten, Gerätedetails, Surfverhalten und Kontakte. Diese Daten werden häufig an Dritte verkauft oder genutzt, um psychologische Profile für gezielte Werbung zu erstellen. Kinder erteilen solche Berechtigungen oft unbewusst, indem sie einfach auf „Erlauben" tippen, ohne die Konsequenzen zu verstehen. Eltern sollten ihren Kindern beibringen, Berechtigungsanfragen sorgfältig zu lesen und zu verstehen, dass „kostenlose" Apps oft mit dem Verlust von Privatsphäre bezahlt werden.

Betrugsversuche und Phishing-Angriffe richten sich zunehmend an jüngere Nutzer, insbesondere über Gaming-Plattformen und Direktnachrichten. Betrüger versprechen möglicherweise kostenlose Spielwährung, exklusive Gegenstände oder mehr Follower im Austausch gegen Passwörter oder Klicks. Diese Maschen können zu Kontodiebstahl, Identitätsbetrug oder Schadsoftware auf Geräten führen. Jugendliche, die nach sozialer Anerkennung oder Gaming-Belohnungen suchen, fallen leichter auf solche Tricks herein, wenn sie die Warnzeichen nicht kennen.

Sextortion und das Teilen unangemessener Bilder gehören zu den ernsthaftesten Risiken, insbesondere unter Jugendlichen. Gruppenzwang, Neugier oder Manipulation können dazu führen, dass private Bilder verschickt werden, die später zur Erpressung genutzt oder ohne Zustimmung verbreitet werden. In vielen Fällen schämen sich Jugendliche oder haben Angst, einem Erwachsenen davon zu erzählen. Eine offene Atmosphäre zu schaffen, in der Ihr Kind weiß, dass es ohne sofortige Bestrafung mit Ihnen sprechen kann, ist entscheidend, um ihm zu helfen, falls so etwas geschieht.

Schließlich sind die Auswirkungen auf die psychische Gesundheit eine oft unterschätzte Gefahr digitaler Medien. Der ständige Vergleich in sozialen Netzwerken kann zu Angstzuständen, Depressionen, Problemen mit dem Körperbild und geringem Selbstwertgefühl führen. Jugendliche fühlen sich häufig unter Druck gesetzt, perfekt auszusehen, ständig Inhalte zu posten und Likes oder Follower zu sammeln. Dadurch entsteht ein falsches Gefühl von Wert und Anerkennung, das süchtiges Verhalten oder Stimmungsschwankungen fördern kann. Als Elternteil ist es genauso wichtig, darauf zu achten, wie digitale Inhalte das Selbstbild Ihres Kindes beeinflussen, wie auf dessen körperliche Sicherheit.

Das Ziel dieses Kapitels ist nicht, Angst zu erzeugen – sondern Bewusstsein zu schaffen. Sobald Sie die möglichen Gefahren verstehen, sind Sie besser darauf vorbereitet, Ihrem Kind beizubringen, wie es diese erkennt, vermeidet und darauf reagiert. Jede hier beschriebene Gefahr kann durch Kommunikation, klare Grenzen und eine aktive Begleitung des digitalen Lebens Ihres Kindes reduziert werden. Das Internet wird nicht verschwinden. Doch mit den richtigen Werkzeugen kann Ihr Kind lernen, es klug – und sicher – zu nutzen.

Nun sprechen wir über Tanya und Emma.

Tanya war begeistert, als ihre Tochter Emma dreizehn Jahre alt wurde und ihr erstes Smartphone bekam. Es war ein großer Meilenstein, und Tanya war überzeugt, Emma gut vorbereitet zu haben. Sie hatten über Bildschirmzeit gesprochen, einige Grundregeln festgelegt und sogar einige Kindersicherungs-Apps installiert. Emma war verantwortungsbewusst, intelligent und freundlich – genau die Art von Kind, die scheinbar immun gegen Online-Drama wirkte. Doch nach einigen Monaten bemerkte Tanya subtile Veränderungen.

Emma, die früher fröhlich und gesprächig gewesen war, verbrachte plötzlich stundenlang allein in ihrem Zimmer mit geschlossener Tür. Ihr Lachen wurde selten. Sie schien ständig an ihrem Handy zu hängen und versteckte den Bildschirm schnell, wenn Tanya vorbeikam. Eines Nachts hörte Tanya gedämpftes Weinen und klopfte vorsichtig an Emmas Tür. Nach kurzem Zögern öffnete Emma sich schließlich. Sie war in einer Gruppenchats auf einer Social-Media-App beleidigt und verspottet worden, wo Mitschüler grausame Memes und Nachrichten über ihr Aussehen geteilt hatten. Das Ganze lief bereits seit Wochen. Sie hatte niemandem davon erzählt, weil sie Angst hatte, alles schlimmer zu machen – oder ihr Handy zu verlieren.

Tanyas Herz zerbrach. Ihr wurde klar, dass sie zwar die technischen Aspekte der Online-Sicherheit erklärt hatte, Emma aber emotional nicht auf die dunkleren Seiten des Internets vorbereitet hatte. Am nächsten Tag setzte sie sich mit Emma zusammen und hörte ihr wirklich zu. Gemeinsam meldeten sie das Mobbing, verließen den Gruppenchat und blockierten die Täter. Doch der Schaden an Emmas Selbstvertrauen hatte bereits begonnen.

Später in derselben Woche überprüfte Tanya Emmas andere Apps und entdeckte etwas noch Beunruhigenderes. Ein Fremder hatte Emma auf Discord Nachrichten geschickt und sich als vierzehnjähriger Junge ausgegeben, der Videospiele und Tiere liebte – zwei von Emmas Lieblingsinteressen. Das

Gespräch hatte harmlos begonnen, sich aber langsam zu Fragen über ihr Privatleben, ihren Tagesablauf und sogar subtilen Andeutungen entwickelt, Fotos zu schicken. Tanya griff sofort ein, meldete den Nutzer und löschte die App. Emma war erschüttert – sie hatte wirklich geglaubt, einen neuen Freund gefunden zu haben.

Diese Erfahrung wurde zu einem Weckruf. Tanya verbrachte den nächsten Monat damit, alles über Online-Gefahren zu lernen. Sie schaute Webinare, las Elternratgeber und trat einer Gruppe für digitale Erziehung bei. Sie lernte die Konzepte von Grooming und Sextortion kennen und verstand, wie Täter Emojis und Slang verwenden, um unentdeckt zu bleiben. Sie erfuhr, dass manche Spiele unmoderierte Chats besitzen und Apps auf Emmas Standort zugreifen konnten, ohne dass diese es bemerkte. Außerdem entdeckte sie Betrugsnachrichten, die wie Gewinnspiele wirkten, und erkannte, wie verletzlich selbst das klügste Kind sein konnte.

Emma und Tanya begannen nun wöchentliche „Digitale Gespräche", bei denen sie gemeinsam Apps durchgingen, Freundeslisten überprüften und über aktuelle Online-Trends sprachen. Tanya hörte auf, Technologie als Belohnung oder Strafe zu behandeln, und begann, sie als fortlaufende Lernerfahrung zu sehen. Emma, die zuvor zurückhaltend gewesen war, begann sich wieder offen mitzuteilen – manchmal zeigte sie Tanya sogar seltsame Nachrichten oder TikTok-Videos, die ihr unangenehm vorkamen.

Es dauerte einige Zeit, doch das Vertrauen wurde wieder aufgebaut. Tanya schützte Emma nicht vor dem Internet – sie brachte ihr bei, seine Fallen zu erkennen. Gemeinsam schufen sie einen sicheren Raum, in dem nichts tabu war und keine Frage zu peinlich erschien. Emma nutzte ihr Smartphone weiterhin täglich, nun jedoch mit einem klareren Verständnis dafür, was sie vermeiden sollte, wem sie vertrauen konnte und wann sie um Hilfe bitten musste.

Und Tanya? Sie sah sich nicht länger als jemand, der den Anschluss verloren hatte. Sie war über sich hinausgewachsen – nicht nur als Mutter, sondern als Wegweiserin durch die komplizierte digitale Welt, in der ihre Tochter aufwuchs. Denn letztendlich ging es nicht darum, den Zugang einzuschränken. Es ging darum, Emma das Selbstvertrauen und das Bewusstsein zu vermitteln, die sie brauchte, um sich in dieser Welt zurechtzufinden – und in ihr erfolgreich zu sein.

Kapitel 3: Grenzen Setzen, Ohne Vertrauen Zu Verlieren

Eine der größten Herausforderungen für Eltern im digitalen Zeitalter besteht darin, Grenzen zu setzen, ohne dabei Rebellion auszulösen. Es ist ein empfindliches Gleichgewicht — Sie möchten Ihr Kind schützen, aber gleichzeitig auch sein Vertrauen gewinnen. Wenn die Regeln zu streng sind, versucht Ihr Kind möglicherweise, sie heimlich zu umgehen. Gibt es dagegen überhaupt keine Regeln, können sich riskante Gewohnheiten entwickeln. Entscheidend ist nicht nur, welche Grenzen Sie setzen, sondern wie Sie diese setzen. Eine Struktur zu schaffen, die fair, respektvoll und gemeinschaftlich wirkt, ist wesentlich effektiver als Regeln, die aus Angst oder Kontrolle heraus auferlegt werden.

Beginnen Sie damit, Ihr Kind in das Gespräch einzubeziehen. Statt einfach neue Technikregeln festzulegen, stellen Sie Fragen, die Ihnen helfen zu verstehen, wie Ihr Kind seine Geräte nutzt. „Welche Apps benutzt du am meisten?" „Was gefällt dir daran?" „Hast du online schon einmal etwas gesehen, das dir unangenehm war?" Dadurch entsteht ein ehrlicher Dialog statt Heimlichkeit. Wenn Kinder sich gehört fühlen, sind sie eher bereit, die vorgeschlagenen Grenzen zu akzeptieren — und manchmal schlagen sie sogar selbst Regeln vor.

Grenzen sollten altersgerecht, flexibel und auf Gewohnheiten ausgerichtet sein – nicht nur auf Zeitlimits. Bildschirmzeitbegrenzungen wie „zwei Stunden pro Tag" können hilfreich sein, doch noch wichtiger ist es festzulegen, wann und wie Bildschirme genutzt werden. Zum Beispiel: keine Handys am Esstisch oder nach 21 Uhr, keine Bildschirme während der Hausaufgaben oder nur erlaubte Spiele an Schultagen. Solche Richtlinien fördern Struktur und Selbstkontrolle und helfen dabei, ein Gleichgewicht zwischen digitalem und realem Leben zu schaffen.

Eine weitere wirksame Strategie ist ein Familien-Technologievertrag – eine schriftliche oder mündliche Vereinbarung mit Erwartungen, an die sich alle Familienmitglieder halten, einschließlich der Eltern. Dazu könnten Regeln gehören wie:

Geräte werden nachts außerhalb des Schlafzimmers aufgeladen.

Keine geheimen Konten oder anonymen Apps.

Wir sprechen offen über alles Seltsame, Beängstigende oder Unangemessene, das wir online sehen.

Wir behandeln andere freundlich und melden Mobbing oder unsicheres Verhalten.

Dieser gemeinschaftliche Ansatz nimmt den Regeln den Charakter einer Bestrafung und schafft stattdessen gemeinsame Verantwortung. Kinder, besonders Jugendliche, respektieren Regeln eher, wenn sie an deren Entstehung beteiligt waren.

Konsequenzen bei Regelverstößen sollten klar und konsequent sein, aber auch auf Wiedergutmachung abzielen. Statt einfach das Handy für eine Woche wegzunehmen, sollten Konsequenzen mit einem Gespräch verbunden werden. „Warum hattest du das Gefühl, diese App verstecken zu müssen?" oder „Was können wir nächstes Mal anders machen, damit du dich sicher fühlst, zuerst mit mir zu sprechen?" Solche Momente bieten Chancen zum Lernen — nicht nur zum Bestrafen. Wenn Regeln mit Verständnis und Fairness umgesetzt werden, wächst das Vertrauen selbst nach Fehlern weiter.

Ebenso wichtig ist es, das Warum hinter jeder Grenze zu erklären. Kinder verstehen die tatsächlichen Risiken unbegrenzter Bildschirmnutzung oft nicht vollständig, daher hilft eine Erklärung dabei, die Regeln besser zu akzeptieren. Zum Beispiel:

„Wir schalten Geräte um 21 Uhr aus, weil dein Gehirn vor dem Schlafengehen Zeit braucht, um zur Ruhe zu kommen."

„Bestimmte Apps erlauben wir nicht, weil sie für deine Altersgruppe nicht sicher sind — sie filtern Inhalte nicht ausreichend und schützen deine Privatsphäre nicht.“

„Wir begrenzen die Zeit in sozialen Medien, weil sie Menschen ängstlich machen oder dazu führen können, sich unfair mit anderen zu vergleichen.“

Technologie sollte weder als Belohnung für gutes Verhalten noch als Strafe für schlechtes Verhalten behandelt werden. Dadurch entstehen ungesunde Verknüpfungen, die später negative Folgen haben können. Stattdessen sollte Technologie als Werkzeug betrachtet werden — eines, das hilfreich, unterhaltsam oder riskant sein kann, je nachdem, wie es genutzt wird. Bringen Sie Kindern bei, kritisch über ihre eigenen Gewohnheiten nachzudenken: „Wie fühlst du dich, nachdem du diese App eine Stunde lang genutzt hast?“ „Was hättest du stattdessen lieber gemacht?“ „Was gibt dir online ein gutes Gefühl — und was nicht?“

Vor allem funktionieren Grenzen am besten, wenn es kontinuierliche Kommunikation gibt. Planen Sie regelmäßige „Technik-Gespräche“, bei denen Sie darüber sprechen, was Ihr Kind online macht, wie es sich fühlt und was sich in seiner digitalen Welt verändert. Bleiben Sie über neue Apps und Trends informiert und seien Sie bereit, Regeln anzupassen, wenn Ihr Kind älter wird. Grenzen sind nicht statisch – sie entwickeln sich mit der Reife Ihres Kindes und Ihrem Vertrauen in dessen Urteilsvermögen weiter.

Vertrauen muss von beiden Seiten verdient werden. Wenn Ihr Kind die vereinbarten Regeln einhält, zeigen Sie Anerkennung und gewähren Sie kleine Freiheiten als Zeichen gegenseitigen Respekts. Wenn Fehler passieren, reagieren Sie mit Geduld statt Panik. Ihr Ziel ist nicht Kontrolle – sondern ein Kind großzuziehen, das irgendwann selbst gesunde Grenzen setzen kann, auch wenn Sie nicht dabei sind.

Jakes Geschichte über den Umgang mit Bildschirmzeit

Jake war ein typischer vierzehnjähriger Junge – energiegeladen, neugierig und ständig an sein Handy gebunden. Seine Mutter Lauren hatte bereits versucht, Bildschirmzeitlimits einzuführen, doch das endete immer in Streit. Jake bestand darauf, dass seine Freunde die ganze Nacht spielen oder jederzeit auf Instagram posten dürften. Lauren machte sich Sorgen über seine schlechter werdenden Noten und seine Stimmungsschwankungen und war kurz davor, ihm das Handy komplett wegzunehmen. Doch irgendetwas sagte ihr, dass dies das eigentliche Problem nicht lösen würde.

Anstatt erneut eine strenge Regel durchzusetzen, probierte Lauren einen neuen Ansatz aus. Eines Abends bat sie Jake an den Küchentisch – nicht für einen Vortrag, sondern für ein Gespräch. Sie fragte ihn, welche Apps er am meisten nutzte und warum. Zunächst verdrehte er die Augen und erwartete Kritik. Doch als sie ihm ohne Vorurteile zuhörte, öffnete er sich. Er erzählte ihr, dass Gespräche mit Freunden auf Discord ihm beim Entspannen halfen, dass lustige TikTok-Videos ihm ein Gefühl von Verbindung gaben und dass Gaming ihm eine Pause vom Stress verschaffte.

Dann erklärte Lauren ihre Sichtweise – nicht nur als Mutter, sondern als jemand, dem seine mentale Gesundheit wichtig war. Sie sagte ihm, dass sie bemerkt habe, wie müde und gereizt er wirkte und dass er das Interesse an Dingen verlor, die ihm früher Freude bereitet hatten. Sie gab nicht dem Handy die Schuld – sie wollte ihm einfach helfen, sich besser zu fühlen. Gemeinsam entwickelten sie einen Plan. Keine Bildschirme während des Abendessens oder im Bett. Gaming war an Wochenenden nach erledigten Hausaufgaben erlaubt. Die Zeit in sozialen Medien wurde begrenzt, und Geräte sollten nachts außerhalb des Schlafzimmers geladen werden. Es war nicht perfekt, aber es war ein Anfang.

Sie erstellten sogar einen Technologievertrag und hängten ihn an den Kühlschrank. Jake durfte jede einzelne Regel mitbestimmen. Er schlug einen „bildschirmfreien Abend“ pro Woche vor, an dem sie gemeinsam einen Film schauen oder Brettspiele spielen würden. Lauren stimmte zu — und versprach sogar, ihr eigenes Handy während dieser Zeit wegzulegen. In dieser Nacht veränderte sich etwas zwischen ihnen. Jake hatte nicht das Gefühl, bestraft zu werden. Er fühlte sich als Teil der Lösung.

Ein paar Wochen später machte Jake einen Fehler. Er schmuggelte sein Handy mit ins Bett und blieb bis zwei Uhr morgens in einem Gruppenchat online. Als Lauren es herausfand, schrie sie ihn nicht an. Stattdessen fragte sie: „Warum hattest du das Gefühl, das verstecken zu müssen?“ Jake gab zu, dass er Angst hatte, eine Unterhaltung seiner Freunde zu verpassen. Lauren nickte und sagte: „Das verstehe ich. Aber jetzt bist du völlig erschöpft — und ich mache mir Sorgen. Lass uns überlegen, wie wir das anders lösen können.“

Gemeinsam beschlossen sie, dass Jake zwei Tage lang keine nächtlichen Gruppenchats nutzen würde und stattdessen andere Zeiten finden sollte, um mit seinen Freunden zu sprechen. Es gefiel ihm nicht, aber er akzeptierte es. Das Vertrauen war nicht zerstört worden — es war geprüft und repariert worden. Lauren erkannte, dass der wahre Erfolg nicht darin bestand, die Technologie zu kontrollieren, sondern die Kommunikation offen zu halten.

Mit der Zeit begann Jake, verantwortungsvoller mit seiner Bildschirmzeit umzugehen. Er bemerkte selbst, wenn bestimmte Apps ihn nervös machten, und meldete sich freiwillig ab. Natürlich passierten ihm weiterhin Fehler — er blieb manchmal zu lange wach oder verlor sich in sozialen Medien — doch nun war er sich dessen bewusst. Und wenn er Fehler machte, wusste er, dass er mit seiner Mutter darüber sprechen konnte, ohne Angst vor Ablehnung oder Strafe zu haben.

Für Lauren war der Sieg subtil, aber kraftvoll. Sie hatte nicht einfach nur Grenzen gesetzt. Sie hatte eine Brücke gebaut. Eine Brücke aus Vertrauen, Respekt und einem gemeinsamen Ziel: einen Jugendlichen großzuziehen, der mit Selbstvertrauen, Balance und Herz durch die digitale Welt navigieren kann.

Kapitel 4: Kindersicherungen und Überwachungstools

In einer Welt, in der Kinder stärker digital vernetzt sind als je zuvor, sind Kindersicherungen und Überwachungstools zu unverzichtbaren Hilfsmitteln geworden, um Familien dabei zu helfen, sichere Online-Erfahrungen zu schaffen. Diese Werkzeuge dienen nicht dazu, Kinder auszuspionieren oder ihnen ihre Freiheit zu nehmen — sie sollen zusätzlichen Schutz, Orientierung und Transparenz bieten. Richtig eingesetzt unterstützen sie die Regeln und Werte, die Sie bereits in Ihrer Familie etabliert haben, und geben Ihnen mehr Sicherheit, während Ihr Kind die riesige digitale Welt erkundet.

Beginnen wir mit den Grundlagen: Was genau machen Kindersicherungen eigentlich? Im Wesentlichen helfen diese Tools dabei, Folgendes zu verwalten:

Begrenzung der Bildschirmzeit

Einschränkungen für Apps und Spiele

Filter für das Surfen im Internet

Kontrolle über In-App-Käufe und Downloads

Standortverfolgung

Aktivitäten in sozialen Medien

Zugriff auf explizite oder altersunangemessene Inhalte

Je nach gewähltem Tool können Sie bestimmte Webseiten blockieren, Schlüsselwörter in Nachrichten überwachen, den Internetzugang zur Schlafenszeit pausieren, Warnungen bei riskantem Verhalten erhalten und vieles mehr. Die richtige Einrichtung hängt vom Alter, der Reife und dem Risikoprofil Ihres Kindes ab — und sollte immer mit offener Kommunikation kombiniert werden.

Integrierte Kindersicherungen sind heute auf nahezu allen Geräten verfügbar. Zum Beispiel:

iOS (iPhones und iPads): „Bildschirmzeit" ermöglicht Eltern, tägliche Limits festzulegen, den Zugriff auf Apps einzuschränken und Nutzungsberichte einzusehen.

Android (Google Family Link): Bietet Bildschirmzeitlimits, App-Kontrollen, Genehmigungen für Downloads und GPS-Standortfreigabe.

Windows und macOS: Beide Systeme bieten Einstellungen zur Einschränkung von Downloads, Webinhalten und Bildschirmzeit.

Viele Spielkonsolen wie Xbox, PlayStation und Nintendo Switch verfügen ebenfalls über integrierte Funktionen zur Begrenzung der Spielzeit, von In-Game-Chats und Ausgaben.

Für erweiterte Überwachung und Filterung bieten Drittanbieter-Apps zusätzliche Kontrolle. Beliebte Optionen sind:

Bark: Überwacht soziale Medien, Nachrichten, E-Mails und YouTube auf Anzeichen von Mobbing, Raubtieren oder Selbstverletzung. Es sendet Warnungen statt vollständiger Nachrichtenverläufe.

Qustodio: Bietet detaillierte Nutzungsberichte, App-Blockierung, Bildschirmzeitverwaltung und Standortverfolgung.

Net Nanny: Echtzeit-Inhaltsfilterung, Bildschirmzeitpläne und Warnungen bei verdächtigen Suchanfragen.

OurPact: Besonders hilfreich zur Verwaltung von Bildschirmzeiten und Zeitplänen für den Gerätezugriff.

Norton Family: Enthält leistungsstarke Webfilter und Browserverläufe und eignet sich ideal für Kinder im Schulalter.

Bevor Sie irgendein Tool installieren, sprechen Sie mit Ihrem Kind darüber. Erklären Sie, dass Sie nicht versuchen, seine Privatsphäre zu verletzen – Sie möchten es vor Risiken schützen, die es möglicherweise noch nicht vollständig versteht. Machen Sie Überwachung zu einem Teil Ihres Familien-Technologievertrags mit klaren Regeln und

Erwartungen. Zum Beispiel: „Wir nutzen Bark, damit uns Dinge auffallen, die wir sonst vielleicht übersehen würden, aber wir vertrauen darauf, dass du mit allem zu uns kommst, was dich verwirrt oder belastet."

Denken Sie daran, dass Überwachung am effektivsten ist, wenn sie mit Bildung und Vertrauen kombiniert wird. Tools können Probleme erkennen, aber sie ersetzen niemals Ihre Rolle als Elternteil. Ein gut informiertes Kind, das versteht, wie Technologie sicher genutzt wird, bleibt Ihre beste Verteidigung. Fragen Sie Ihr Kind, welche Funktionen es als fair oder unfair empfindet. Passen Sie Einstellungen gemeinsam an. Besprechen Sie Berichte oder Warnungen offen und nutzen Sie sie als Lernmomente statt als „Aha, erwischt!"-Momente.

Ebenso wichtig ist die Erkenntnis, dass kein Tool perfekt ist. Kinder finden oft Wege, Filter zu umgehen oder Zweitkonten zu erstellen. Deshalb bleibt ein kontinuierlicher Dialog entscheidend. Lassen Sie Ihr Kind wissen, dass Sie sich weniger über Fehler sorgen als darüber, ihm zu helfen, sichere Entscheidungen zu treffen.

Führen Sie monatliche Überprüfungen der Gerätenutzung, Bildschirmzeitmuster und App-Aktivitäten durch. Machen Sie daraus ein Gespräch und keine Konfrontation. Fragen Sie beispielsweise: „Welche App benutzt du in letzter Zeit am häufigsten? Warum gefällt sie dir? Gibt es daran Dinge, die dich unter Druck setzen oder dir unangenehm sind?" Solche Gespräche stärken Ihre Rolle als Begleiter und nicht als Aufseher.

Verstehen Sie außerdem, dass Ihr Kind älter wird – und Ihre Werkzeuge sich mitentwickeln sollten. Wenn Ihr Kind Verantwortung zeigt, ist es gesund, einige Einschränkungen schrittweise zu lockern und den Fokus stärker auf Eigenverantwortung statt Kontrolle zu legen. Das Ziel ist nicht, Ihr Kind für immer zu überwachen – sondern digitale Verantwortung aufzubauen, sodass es irgendwann keine ständige Kontrolle mehr benötigt.

Mit der richtigen Kombination aus Technologie, Gesprächen und Mitgefühl werden Kindersicherungen zu dem, was sie eigentlich sein sollen – Werkzeuge zur Unterstützung, nicht zur Überwachung.

Jaydens erste iPhone-Geschichte

Als Melissa ihrem Sohn Jayden zu seinem elften Geburtstag ein neues iPhone kaufte, fühlte sie sich gleichzeitig stolz und nervös. Es war ein bedeutender Schritt, um den er schon lange gebeten hatte. Sie hatte gründlich recherchiert und Apples integrierte Kindersicherungen aktiviert — eingeschränkte App-Downloads, blockierte Erwachseneninhalte und festgelegte Ruhezeiten. Trotzdem flüsterte eine Stimme in ihrem Kopf ständig: „Reicht das wirklich?"

Einige Monate später meldete sich diese Stimme wieder — diesmal lauter. Jayden begann sich anders zu verhalten. Er wurde verschlossener, blieb nachts lange mit seinem Handy unter der Bettdecke wach und wechselte schnell den Bildschirm, sobald jemand das Zimmer betrat. Melissa war unsicher und entschied sich schließlich, die Einstellungen für die Bildschirmzeit zu überprüfen. Zu ihrem Schock stellte sie fest, dass Jayden sechs Stunden in einer Messaging-App verbracht hatte, von der sie nicht einmal wusste, dass er sie heruntergeladen hatte — einer App, die anonyme Chats erlaubte.

Es traf sie wie eine Welle. Jayden war intelligent, aber eben auch noch ein Kind. Er hatte herausgefunden, wie man eine zweite Apple-ID erstellt und ihre Einschränkungen umgeht. An diesem Abend saß Melissa auf der Bettkante, ihr Herz raste. Sie hätte ihm das Handy sofort wegnehmen, ihn bestrafen und alles zurücksetzen können. Doch etwas sagte ihr, dass dies das eigentliche Problem nicht lösen würde.

Am nächsten Morgen setzte sie sich mit Jayden zusammen und bat ihn ruhig, ihr zu erklären, was passiert war. Er gestand alles. Ein Freund hatte ihm gezeigt, wie man eine „Backup"-Apple-ID erstellt, um Spiele und Apps herunterzuladen, ohne fragen zu müssen. Er wollte nichts verheimlichen — er wollte nur nicht der Einzige in seiner Freundesgruppe sein, der keinen Zugang zu den „coolen Sachen" hatte. Melissa hörte zu, atmete tief durch und sagte schließlich: „Danke, dass du ehrlich bist. Lass uns das gemeinsam lösen."

Gemeinsam entschieden sie sich für ein neues System – eines, das Jayden etwas Freiheit gab, aber gleichzeitig Transparenz schuf. Melissa installierte Bark und erklärte ihm, dass sie nur bei Warnsignalen benachrichtigt würde und nicht jede einzelne Nachricht lesen könne. Sie gingen die Funktionen gemeinsam durch. Jayden half sogar dabei, die Einstellungen auszuwählen, die er als fair empfand. Sie deaktivierten anonyme Apps, aktivierten App-Genehmigungen und vereinbarten wöchentliche Gespräche — kurze Unterhaltungen, in denen Jayden erzählen konnte, was er online machte und Fragen zu merkwürdigen Dingen stellen konnte, die ihm begegneten.

Anfangs war Jayden skeptisch. Doch mit der Zeit wurden diese Gespräche selbstverständlich. Er begann Melissa von viralen Challenges in der Schule und seltsamen Nachrichten von Fremden zu erzählen. Als er auf ein YouTube-Video stieß, das ihn verunsicherte, kam er sofort zu ihr. Melissa erkannte, dass Vertrauen nicht dadurch entsteht, jede Bewegung zu überwachen — sondern dadurch, beteiligt zu sein, ohne ständig über dem Kind zu schweben.

Als Jayden älter wurde, überprüften sie die Einstellungen erneut. Er bat darum, einige Einschränkungen zu entfernen, und Melissa stimmte zu — allerdings erst nach einem Gespräch über die möglichen Risiken. Eines Tages kam Jayden nach Hause und sagte: „Einige meiner Freunde benutzen falsche Namen online. Das ist doch nicht sicher, oder?" Melissa lächelte. Er lernte dazu.

Als Jayden schließlich dreizehn wurde, befolgte er nicht mehr nur die Regeln — er verstand sie. Melissa nutzte weiterhin Kindersicherungen, aber eher als Leitplanken statt als Barrieren. Und währenddessen war ihre Beziehung stärker geworden. Sie hatte nicht einfach nur einen Techniknutzer großgezogen — sie zog einen verantwortungsvollen digitalen Menschen heran.

Kapitel 5: Sichere Gaming- und Social-Media-Gewohnheiten

Online-Gaming und soziale Medien gehören zu den beliebtesten digitalen Aktivitäten von Kindern und Jugendlichen. Sie bieten Unterhaltung, soziale Verbindung, Kreativität und sogar Lernmöglichkeiten. Gleichzeitig bringen sie jedoch zahlreiche Risiken mit sich — von Cybermobbing und Datenschutzverletzungen bis hin zu süchtig machendem Design, Kontakt mit Fremden und unangemessenen Inhalten. Kindern beizubringen, wie sie diese Plattformen verantwortungsvoll nutzen, ist entscheidend für ihr langfristiges digitales Wohlbefinden.

Beginnen wir mit dem Gaming, das sich längst weit über ein Einzelspieler-Erlebnis hinaus entwickelt hat. Die meisten heutigen Spiele sind online vernetzt, bieten Mehrspielerfunktionen und integrierte Chats. Spiele wie Roblox, Fortnite, Minecraft und Call of Duty ermöglichen es Spielern, in Echtzeit über Sprache, Video oder Text miteinander zu kommunizieren. Dies fördert zwar Teamarbeit und Gemeinschaft, öffnet aber auch Türen für toxisches Verhalten, Kontakt zu Raubtieren und ungefilterte Gespräche. Kinder können unangemessener Sprache, Manipulation,

Mobbing oder sogar Grooming ausgesetzt sein — alles getarnt als freundliches Gameplay.

Um Gaming sicherer zu machen, sollten Eltern zunächst jedes Spiel recherchieren, das ihr Kind spielen möchte. Prüfen Sie die Altersfreigabe, den Ruf der Community und die verfügbaren Kindersicherungen. Viele Spiele verfügen über integrierte Sicherheitsfunktionen, die oft übersehen werden — darunter das Stummschalten fremder Spieler, das Deaktivieren von Chats oder das Ausschalten von Freundschaftsanfragen. Nutzen Sie diese Funktionen, um die Spielumgebung an das Alter und die emotionale Reife Ihres Kindes anzupassen.

Erstellen Sie einen Gaming-Zeitplan, um gesunde Zeitlimits und ein Gleichgewicht mit Offline-Aktivitäten zu fördern. Manche Familien nutzen sogar ein „Gaming-Zertifikat" — eine einfache schriftliche Vereinbarung, die Erwartungen festlegt, zum Beispiel freundlich zu anderen zu sein, vor dem Herunterladen neuer Spiele um Erlaubnis zu fragen oder nicht mit Fremden zu chatten. Überprüfen Sie regelmäßig die Gaming-Historie und die Freundesliste Ihres Kindes. Fragen Sie, mit wem es spielt, worüber gesprochen wird und ob es etwas erlebt hat, das ihm unangenehm war.

Wenn es um soziale Medien geht, wird die Situation noch sensibler. Plattformen wie TikTok, Snapchat, Instagram und YouTube sind die Orte, an denen Kinder ihre digitale Identität aufbauen. Sie teilen Videos, posten Selfies, folgen Influencern und interagieren mit Gleichaltrigen. Doch diese Plattformen sind auch voller unrealistischer Schönheitsideale, viraler Challenges, expliziter Inhalte und sozialem Druck — dem ständigen Bedürfnis nach Likes, Kommentaren und Anerkennung.

Beginnen Sie damit, die Datenschutzeinstellungen jeder Plattform zu verstehen. Setzen Sie sich gemeinsam mit Ihrem Kind hin und überprüfen Sie das Konto zusammen. Stellen Sie sicher, dass das Profil privat ist, die Standortfreigabe deaktiviert wurde und keine Freundschaftsanfragen von Fremden akzeptiert werden. Überprüfen Sie, ob verdächtige oder unangemessene Konten verfolgt werden oder Ihrem Kind folgen. Besprechen Sie, wie wichtig es ist, persönliche Informationen wie Schulnamen, Telefonnummern oder tägliche Routinen nicht in Bildunterschriften oder Nachrichten preiszugeben.

Ermutigen Sie Ihr Kind, vor dem Posten nachzudenken. Eine gute Regel lautet: „Wärst du damit einverstanden, wenn das dein Lehrer, Trainer oder zukünftiger Arbeitgeber sehen würde?“ Erinnern Sie daran, dass das Internet nichts vergisst, selbst wenn etwas nach 24 Stunden verschwindet. Apps wie Snapchat und Instagram Stories vermitteln oft ein falsches Gefühl von Sicherheit — doch Screenshots und gespeicherte Nachrichten bleiben immer ein Risiko.

Ein oft übersehener Bereich betrifft die psychische Gesundheit und den sozialen Vergleich im Internet. Sprechen Sie mit Ihrem Kind darüber, wie soziale Medien die Realität verzerren können. Die meisten Menschen posten ihre besten Momente, nicht ihre schlechten Tage. Kinder brauchen Hilfe dabei zu verstehen, dass Filter, Follower-Zahlen und perfekt kuratierte Inhalte nicht das echte Leben widerspiegeln. Ermutigen Sie Ihr Kind, positiven und inspirierenden Menschen zu folgen, statt Konten, die Minderwertigkeitsgefühle auslösen.

Gaming und soziale Medien sollten nicht als „schlecht“ betrachtet werden — sie sollten wie jeder andere Teil des Lebens mit Bewusstsein und Anleitung genutzt werden. Stellen Sie Fragen wie:

„Was gefällt dir an diesem Spiel oder dieser App am meisten?“
„Hast du dich dort jemals unwohl gefühlt?“
„Fühlst du dich manchmal unter Druck gesetzt, etwas zu posten oder mit anderen mithalten zu müssen?“

Solche Fragen fördern digitales Bewusstsein und offene Kommunikation.

Vor allem sollten Sie selbst ein gesundes Verhalten vorleben. Wenn Ihr Kind sieht, dass Sie endlos scrollen, ständig Likes prüfen oder während des Abendessens auf jede Benachrichtigung reagieren, wird es dieses Verhalten übernehmen. Zeigen Sie Ihrem Kind, wie man digitale Medien mit Grenzen und Selbstrespekt nutzt. Technologie wird nicht verschwinden — aber mit den richtigen Gewohnheiten kann sie die Entwicklung Ihres Kindes bereichern statt schädigen.

Nun schauen wir uns Lenas Geschichte an.

Lenas Sohn Mateo liebte Videospiele. Sobald er von der Schule nach Hause kam, rannte er in sein Zimmer, setzte sein Headset auf, nahm den Controller in die Hand und lachte oder rief laut, während er mit seinen Online-Freunden spielte. Anfangs störte Lena das nicht. Es schien harmloser Spaß zu sein — eine Möglichkeit, nach dem Unterricht abzuschalten. Doch nach einigen Monaten bemerkte sie Veränderungen. Mateo blieb zu lange wach, reagierte gereizt auf seine kleine Schwester und wurde wütend, wenn sie ihn bat, eine Pause zu machen.

Eines Abends, nachdem sie ihn laut durch die Wände schreien hörte, schaute Lena vorsichtig in sein Zimmer. Mateo nahm schnell das Headset ab und versuchte, das Thema zu wechseln, doch sie hatte einen Blick auf den Chat des Spiels geworfen. Es war nicht nur freundliches Geplänkel – der Chat war voller Beleidigungen, Drohungen und Druck, weiterzuspielen. Am nächsten Morgen setzte sie sich beim Frühstück zu ihm und fragte vorsichtig: „Was passiert in letzter Zeit eigentlich in deinen Spielen?"

Mateo seufzte. „So reden die Leute eben online. Wenn du gehst, nennen sie dich schwach. Wenn du nicht antwortest, werfen sie dich aus der Gruppe." Das traf Lena hart. Ihr wurde klar, dass er nicht einfach nur spielte – er bewegte sich in einer ungefilterten sozialen Welt mit eigenen Regeln, Hierarchien und Gefahren.

An diesem Wochenende beschäftigte sich Lena intensiv mit Gaming-Sicherheit. Sie lernte, wie man Einstellungen anpasst, unbekannte Spieler blockiert, toxische Chats stummschaltet und Belästigungen meldet. Vor allem aber sprach sie mit Mateo darüber, wie die Spiele ihn fühlen ließen. Gemeinsam entwickelten sie einen „Gaming-Kodex" – Regeln darüber, mit wem er spielen durfte, wie lange er wach bleiben durfte und was er tun sollte, wenn jemand Grenzen überschritt. Zu ihrer

Überraschung war Mateo dankbar dafür. Er hatte sich gestresst gefühlt, wusste aber nicht, wie er um Hilfe bitten sollte, ohne den Zugang zu etwas zu verlieren, das ihm Spaß machte.

Kurz darauf trat Mateo Instagram bei. Lena war unsicher. Sie hatte Geschichten über Mobbing, Raubtiere und gefährliche Trends gehört. Doch sie wollte die App nicht einfach verbieten — sie wollte verstehen. Also bat sie Mateo, ihr die Plattform zu zeigen. Gemeinsam saßen sie auf dem Sofa und scrollten durch seinen Feed. Er zeigte ihr die Konten, denen er folgte, die Videos, die ihm gefielen, und einige Nachrichten, die er erhalten hatte. Ein Kommentar eines Fremden fiel Lena besonders auf — scheinbar harmlos, aber etwas zu persönlich. Lena sprach ihn an, und Mateo entschied sich, den Nutzer zu blockieren.

Gemeinsam überprüften sie seine Datenschutzeinstellungen. Sie deaktivierten die Standortfreigabe, machten sein Profil privat und entfernten einige Follower, die er nicht kannte. Lena erinnerte ihn daran, keine Bilder zu posten, auf denen der Name seiner Schule, ein Nummernschild oder das Haus im Hintergrund zu sehen waren. „Selbst kleine Details", sagte sie, „können jemandem zu viele Informationen verraten."

Mit der Zeit begann Mateo, klügere Entscheidungen zu treffen. Er vermied bestimmte Online-Challenges, die ihm unangenehm vorkamen. Er begann, positiveren Menschen zu folgen — Leuten, die ihn zum Lachen brachten oder ihm etwas Neues beibrachten. Und hin und wieder reichte er Lena sein Handy und fragte: „Findest du diesen Beitrag okay?“ Sie urteilte nie. Sie gab ihm Orientierung.

Ihre Bindung wurde stärker — nicht nur weil Lena Regeln aufgestellt hatte, sondern weil sie beteiligt blieb. Sie betrachtete Gaming und soziale Medien nicht als Probleme, die gelöst werden mussten. Sie sah sie als Teile von Mateos Welt — Orte, an denen er ihre Hilfe brauchte, um sich sicher zurechtzufinden. Und Mateo? Er wurde nicht nur ein besserer Gamer oder ein verantwortungsvollerer Nutzer sozialer Medien. Er wurde bewusster, selbstsicherer und kontrollierte seine eigenen digitalen Entscheidungen immer besser.

Kapitel 6: Kritisches Denken und Digitale Medienkompetenz Vermitteln

In einer Welt, die von Informationen überflutet wird, ist es nicht optional, Kindern und Jugendlichen beizubringen, wie sie online kritisch denken können – es ist unverzichtbar. Digitale Medienkompetenz geht weit über das bloße Bedienen eines Geräts hinaus. Sie bedeutet, die Glaubwürdigkeit von Informationen bewerten, Manipulation erkennen, Betrugsversuche durchschauen und kluge sowie sichere Entscheidungen in einer komplexen und sich ständig verändernden Online-Welt treffen zu können.

Viele junge Menschen können heute problemlos Apps bedienen, haben jedoch Schwierigkeiten, den Unterschied zwischen einem gesponserten Beitrag und einer echten Empfehlung oder zwischen einer Meinung und einer überprüften Tatsache zu erkennen. Algorithmen liefern ununterbrochen kuratierte Inhalte – vieles davon wurde speziell entwickelt, um Aufmerksamkeit zu erregen, Emotionen auszulösen oder etwas zu verkaufen. Ohne digitale Medienkompetenz sind Kinder anfällig für Fehlinformationen, Online-Fallen und verzerrte Weltbilder.

Beginnen Sie mit den Grundlagen: Bringen Sie Ihrem Kind

bei, das zu hinterfragen, was es sieht. Fordern Sie es auf, darüber nachzudenken, wer einen Inhalt erstellt hat, warum er erstellt wurde und welches Ziel dahintersteht. Soll das Video informieren, überzeugen, unterhalten oder manipulieren? Ermutigen Sie Fragen wie:

„Wer profitiert davon, wenn dieser Beitrag viral geht?"
„Ist das eine vertrauenswürdige Quelle oder nur die Meinung einer Person?"
„Sieht dieses Bild bearbeitet oder aus dem Zusammenhang gerissen aus?"

Wenn Kinder lernen, solche Fragen zu stellen, entwickeln sie mentale Filter, die ihnen helfen, Echtes von Falschem zu unterscheiden — etwas, womit selbst viele Erwachsene Schwierigkeiten haben.

Betrugsversuche und Phishing-Angriffe richten sich zunehmend an jüngere Nutzer. Diese können in Form von gefälschten Gewinnspielen, verdächtigen Links, „Schnell-reich-werden"-Nachrichten oder Personen auftreten, die sich als Freunde ausgeben. Bringen Sie Ihrem Kind bei, dass etwas wahrscheinlich nicht echt ist, wenn es zu gut klingt, um wahr zu sein. Zeigen Sie Warnsignale wie drängende Formulierungen („Jetzt handeln!"), Grammatikfehler oder Aufforderungen zur Herausgabe persönlicher Informationen.

Üben Sie Rollenspiele, damit Ihr Kind weiß, wie es reagieren soll, wenn es online von Fremden angesprochen wird.

Erklären Sie außerdem das Konzept der digitalen Dauerhaftigkeit. Helfen Sie Ihrem Kind zu verstehen, dass einmal veröffentlichte Inhalte — selbst wenn sie gelöscht werden — gespeichert, per Screenshot festgehalten oder ohne Kontrolle weiterverbreitet werden können. Bringen Sie Ihrem Kind bei, langfristig zu denken: Wäre es damit einverstanden, wenn ein Beitrag in zehn Jahren erneut auftaucht? Ermutigen Sie es, keine sensiblen Fotos, privaten Informationen oder emotionalen Reaktionen zu teilen, die später gegen es verwendet werden könnten.

Passwörter sind ein weiterer wichtiger Bestandteil digitaler Medienkompetenz. Viele Kinder verwenden dasselbe Passwort für mehrere Plattformen oder nutzen einfache Kombinationen, die leicht zu erraten sind. Bringen Sie Ihrem Kind bei, wie starke Passwörter erstellt werden und warum sie niemals weitergegeben werden sollten — nicht einmal an Freunde. Stellen Sie altersgerechte Passwort-Manager vor oder empfehlen Sie, Passwörter an einem sicheren physischen Ort aufzuschreiben.

Ebenso wichtig ist es, den Unterschied zwischen privaten und öffentlichen Gesprächen zu verstehen. Messaging-Apps,

Gruppenchats und Foren wirken oft privat, sind jedoch häufig weder verschlüsselt noch wirklich sicher. Kinder sollten wissen, dass alles, was sie schreiben, gesehen, gespeichert oder weitergeleitet werden kann. Helfen Sie ihnen zu verstehen, dass Anonymität im Internet sie nicht unsichtbar macht – und schon gar nicht unverwundbar.

Ein weiterer wichtiger Aspekt digitaler Medienkompetenz ist die emotionale Selbstkontrolle. Viele Plattformen sind darauf ausgelegt, starke Reaktionen wie Wut, Neid oder Empörung auszulösen, um Nutzer länger zu binden. Bringen Sie Kindern bei, innezuhalten, bevor sie antworten, klicken oder etwas teilen. Wenn etwas sie traurig, wütend oder verwirrt macht, ermutigen Sie sie, mit einem vertrauenswürdigen Erwachsenen darüber zu sprechen. Helfen Sie ihnen zu erkennen, wie ihre Stimmung durch Online-Inhalte beeinflusst werden kann – und wann es besser ist, sich auszuloggen, um ihren mentalen Raum zu schützen.

Integrieren Sie digitale Medienkompetenz in den Alltag. Schauen Sie gemeinsam Videos an und diskutieren Sie, ob diese glaubwürdig wirken. Zeigen Sie Ihrem Kind, wie man Fakten mithilfe vertrauenswürdiger Quellen überprüft. Analysieren Sie Influencer-Beiträge und sprechen Sie über Marketingstrategien. Wenn Sie selbst Entscheidungen auf

Grundlage von Online-Recherchen treffen — etwa bei Bewertungen oder Nachrichten — erklären Sie Ihren Denkprozess. Sie leiten damit nicht nur das Verhalten Ihres Kindes, sondern zeigen ihm auch, wie man denkt.

Und vor allem: Belohnen Sie Neugier. Wenn Ihr Kind Ihnen einen merkwürdigen Beitrag, eine verwirrende Nachricht oder eine unglaubliche Behauptung zeigt und fragt: „Stimmt das wirklich?", feiern Sie diesen Moment. Diese Frage ist der Beginn kritischen Denkens — und die stärkste Verteidigung, die Ihr Kind jemals in einer digitalen Welt haben wird, die nicht immer das ist, was sie zu sein scheint.

Die Geschichte von Ava und dem „10.000-Dollar-Video"

Die zwölfjährige Ava saß auf dem Sofa und scrollte durch TikTok, als sie plötzlich aufgeregt ausrief: „Mama, schau! Dieser Typ sagt, man kann an einem einzigen Tag 10.000 Dollar verdienen, nur indem man auf einen Link klickt und Videos anschaut!" Ihre Mutter Rachel blickte auf den Bildschirm und hob skeptisch eine Augenbraue. Das Video war auffällig gestaltet — voller Geldscheine, großer Versprechen und eines schnell sprechenden Influencers, der behauptete, eine geheime Methode entdeckt zu haben. Ava war fasziniert. Rachel war besorgt.

Anstatt das Ganze sofort abzutun, setzte sich Rachel neben ihre Tochter und sagte: „Lass uns das gemeinsam anschauen." Sie sahen das Video erneut an, diesmal hielten sie alle paar Sekunden an. „Ist dir aufgefallen, wie oft er ‚Vertrau mir' sagt?", fragte Rachel. „Oder dass er nie wirklich erklärt, wie das Ganze funktioniert?" Ava nickte langsam. „Ja ... und die Kommentare sind ausgeschaltet."

An diesem Abend zeigte Rachel Ava, wie man Bilder rückwärts sucht und Benutzerprofile überprüft. Gemeinsam fanden sie heraus, dass das Konto erst seit einer Woche existierte und dutzende identische Beiträge mit unterschiedlichen Gesichtern und Namen veröffentlicht hatte — eine typische Betrugsstrategie. Ava war erstaunt. „Ich wusste gar nicht, dass Leute so etwas fälschen, nur um Klicks zu bekommen", sagte sie. „Ich dachte, TikTok hätte Regeln." Rachel antwortete: „Hat es auch, aber nicht alles wird sofort erkannt. Deshalb ist es wichtig, genau hinzuschauen."

Einige Tage später erhielt Ava auf ihrer Gaming-Plattform eine Nachricht, in der ihr kostenlose Spielwährung angeboten wurde — im Austausch gegen ihre Login-Daten. Sie erinnerte sich an das, was sie gelernt hatte, ignorierte die Nachricht und ging direkt zu Rachel. Gemeinsam meldeten sie den Nutzer und änderten vorsichtshalber Avas Passwort. Rachel nutzte den Moment, um zu erklären, wie Betrüger sich oft als Spieleentwickler oder bekannte Spieler ausgeben, um Menschen hereinzulegen.

Schon bald erkannte Ava verdächtige Dinge selbstständig. Als ihre Freundin Mia ihr einen „Promi-Gewinnspiel"-Beitrag schickte, der ein kostenloses iPhone versprach, antwortete Ava: „Das ist gefälscht – schau dir die Rechtschreibung und das Profilbild an. Das Konto hat nicht einmal einen blauen Haken." Sie wurde nach und nach zur „digitalen Detektivin" in ihrem Freundeskreis – sie hinterfragte Trends, überprüfte Quellen und zeigte sogar ihren Mitschülern, wie man Fake News erkennt.

Eines Nachmittags kam Ava begeistert aus der Schule nach Hause. „Heute haben wir in der Schule über Deepfakes gesprochen! Aber ich wusste schon darüber Bescheid wegen unserer Gespräche." Rachel lächelte. Einige Wochen zuvor hatten sie gemeinsam ein Video gesehen, das zeigte, wie realistisch KI-generierte Gesichter sein konnten. Sie hatten darüber gesprochen, wie beängstigend – aber auch faszinierend – es war, dass jemand scheinbar Dinge sagen konnte, die nie wirklich gesagt wurden. Jetzt fühlte sich Ava vorbereitet statt verängstigt.

Ihre Gespräche wurden zur Routine. Wenn Ava eine neue App

herunterladen wollte, überprüften sie gemeinsam die Berechtigungen. Wenn ein Video sie verstörte, sprachen sie darüber, warum es sie emotional getroffen hatte und ob es manipulativ war. Rachel urteilte nie und reagierte nicht übertrieben – sie half Ava, Dinge logisch zu durchdenken. Mit der Zeit wurden Avas Instinkte immer besser. Sie begann laut Fragen zu stellen, bevor sie auf irgendetwas klickte: „Was ist hier das Ziel? Wer hat das gemacht? Könnte das gefälscht sein?"

Eines Abends scrollte Rachel selbst durch soziale Medien und zeigte Ava eine Schlagzeile: „Außerirdische durch geleaktes NASA-Material bestätigt." Ava hob eine Augenbraue. „Diese Schrift ist klassischer Clickbait. Und der Name der Webseite klingt wie ein Witz." Rachel lachte. „Du färbst auf mich ab."

Indem Rachel Ava mit Neugier und kritischem Denken durch den digitalen Dschungel führte, hatte sie etwas Mächtigeres geschaffen als bloße Regeln – sie hatte einen Filter im Kopf ihrer Tochter aufgebaut. Einen Filter, der hinterfragt, analysiert und versteht. Einen Filter, der Ava noch lange schützen wird, nachdem die Kindersicherungen verschwunden sind. Einen Filter, den niemand hacken kann.

Kapitel 7: Umgang Mit Bildschirmabhängigkeit und Digitalem Burnout

Bildschirmabhängigkeit ist eine moderne Epidemie – und sie betrifft Kinder und Jugendliche stärker als jede andere Altersgruppe. Obwohl Geräte für Schule, Kommunikation und Unterhaltung unverzichtbar geworden sind, kann übermäßige Nutzung zu Schlafstörungen, schlechteren schulischen Leistungen, emotionaler Dysregulation und sogar körperlichen Problemen wie schlechter Haltung und Augenbelastung führen. Doch das tiefere Problem ist oft psychologischer Natur: die Abhängigkeit von digitaler Stimulation, sozialer Bestätigung und sofortiger Belohnung.

Das Verständnis der Wissenschaft hinter Bildschirmabhängigkeit hilft Eltern, mit Mitgefühl statt mit Frustration zu reagieren. Die meisten Apps und Spiele werden absichtlich so gestaltet, dass sie süchtig machen. Funktionen wie endloses Scrollen, automatische Wiedergabe, Push-Benachrichtigungen und Belohnungsschleifen lösen Dopaminreaktionen im Gehirn aus – dieselbe Chemikalie, die auch bei angenehmen Aktivitäten wie Essen oder Gewinnen freigesetzt wird. Für sich entwickelnde Gehirne ist dieser

Kreislauf besonders stark und trainiert Kinder darauf, ständig nach dem nächsten „Kick" durch Likes, Nachrichten oder Spielerfolge zu suchen.

Der erste Schritt beim Umgang mit Bildschirmabhängigkeit besteht darin, die Warnsignale zu erkennen. Dazu gehören unter anderem:

Reizbarkeit oder Angstzustände, wenn Geräte nicht verfügbar sind

Verlust des Interesses an Offline-Aktivitäten

Heimliches Nutzen von Geräten oder Lügen über die Nutzungsdauer

Schlafprobleme oder Müdigkeit trotz vieler Stunden im Bett

Schwierigkeiten, sich ohne ständiges Überprüfen eines Geräts zu konzentrieren oder Aufgaben abzuschließen

Sobald Sie eine mögliche Übernutzung erkennen, widerstehen Sie dem Impuls zu beschuldigen oder zu bestrafen. Beginnen Sie stattdessen ein Gespräch: „Mir ist aufgefallen, dass du in letzter Zeit müder wirkst — könnte das damit zusammenhängen, wie lange du abends am Handy bist?" oder „Früher hast du nach der Schule gerne draußen gespielt – gibt es etwas an Bildschirmen, das das ersetzt?"

Erstellen Sie einen Plan für ein gesundes Gleichgewicht mit

Technologie, der auf Mäßigung statt auf erzwungenen Entzug setzt. Dazu gehören:

Technikfreie Zonen und Zeiten wie Schlafzimmer, Esstisch oder Familienausflüge

Geplante Bildschirmzeit für Freizeitnutzung, getrennt von schulischer Nutzung

Alternative Aktivitäten wie Brettspiele, Sport, kreative Hobbys oder soziale Treffen ohne Bildschirme

Gerätesperrzeiten, zum Beispiel keine Bildschirme eine Stunde vor dem Schlafengehen

Seien Sie offen darüber, warum diese Grenzen wichtig sind. Zum Beispiel:

„Bildschirme vor dem Schlafengehen stören dein Gehirn dabei, zur Ruhe zu kommen."

„Pausen von Geräten verbessern Konzentration und Energie."

„Unser Geist braucht offline Zeit, um sich zu erholen und den Tag zu verarbeiten."

Gesundes digitales Verhalten vorzuleben gehört zu den wirksamsten Strategien überhaupt. Kinder beobachten genau, wie Erwachsene Technologie nutzen. Wenn sie sehen, dass Sie beim Abendessen ständig auf Ihr Handy schauen oder morgens als Erstes danach greifen, werden sie ähnliche

Gewohnheiten übernehmen. Zeigen Sie Selbstkontrolle, indem Sie eigene Grenzen setzen – etwa indem Sie Ihr Handy während der Familienzeit weglegen oder Bildschirmzeit-Tracker nutzen.

Erwägen Sie digitale Entgiftungs-Challenges als Familie. Probieren Sie beispielsweise einen „Bildschirmfreien Sonntag" oder einen technikfreien Abend pro Woche aus. Machen Sie daraus ein angenehmes Ritual: Spielen Sie Karten, gehen Sie spazieren, backen Sie gemeinsam oder lesen Sie laut vor. Wenn digitale Pausen angenehm und regelmäßig sind, helfen sie dabei, das Gehirn neu darauf auszurichten, Freude an echten Erfahrungen außerhalb des Bildschirms zu finden.

Technologie wird nicht verschwinden, und sie sollte auch nicht gefürchtet werden. Das Ziel ist es, digitale Widerstandsfähigkeit aufzubauen – die Fähigkeit, Technologie zu genießen und davon zu profitieren, ohne von ihr abhängig zu werden. Bei manchen Kindern kann es außerdem notwendig sein, tieferliegende Ursachen zu betrachten. Nutzt Ihr Kind Bildschirme, um Langeweile, Stress oder Einsamkeit zu entkommen? Wenn ja, sollten Sie das eigentliche Problem mit Fürsorge angehen und gegebenenfalls einen Berater oder Psychologen hinzuziehen.

Verfolgen Sie Ihre Fortschritte, ohne dabei besessen zu

werden. Nutzen Sie Bildschirmzeitberichte auf den Geräten Ihres Kindes, um Muster und Verbesserungen zu erkennen. Feiern Sie kleine Erfolge wie „Drei Tage ohne Geräte vor dem Schlafengehen“ oder „Eine Stunde Scrollen durch Zeichnen oder Lesen ersetzt“. Solche Veränderungen führen mit der Zeit zu dauerhaftem Wandel.

Der Umgang mit Bildschirmabhängigkeit bedeutet nicht, etwas wegzunehmen — sondern etwas zurückzugeben: Ruhe, Konzentration, Verbindung, Kreativität und innere Ausgeglichenheit.

Die Geschichte von Zoes nächtlicher Smartphone-Nutzung

Jeden Abend gegen 22 Uhr ging Lisa am Zimmer ihrer Tochter vorbei und sah das Leuchten eines Bildschirms durch die leicht geöffnete Tür. Die zwölfjährige Zoe sollte eigentlich um 21:30 Uhr schlafen, doch stattdessen lag sie oft unter der Decke begraben in TikTok-Videos, leise lachend, mit weit geöffneten Augen voller Reize. Morgens war Zoe müde, gereizt und unkonzentriert. Hausaufgaben blieben liegen. Familienessen verliefen schweigend. Irgendetwas hatte sich verändert.

Lisa wusste, dass Zoe ihr Handy liebte — es war ihre wichtigste Verbindung zu Freunden, Schulnachrichten und ihren

Lieblings-Influencern. Doch was als Spaß begonnen hatte, fühlte sich langsam wie eine Abhängigkeit an. Eines Abends, nachdem Zoe sie wegen einer einfachen Frage gereizt angefahren hatte, entschied Lisa sich für ein ehrliches Gespräch.

Anstatt sie auszuschimpfen, setzte sie sich neben ihre Tochter und sagte: „Mir ist aufgefallen, dass du in letzter Zeit nicht mehr ganz du selbst bist. Können wir darüber sprechen, wie viel du nachts dein Handy benutzt?" Zunächst antwortete Zoe nicht. Nach einer langen Pause flüsterte sie schließlich: „Ich kann ohne das Handy nicht einschlafen. Es ist, als würde mein Gehirn einfach nicht abschalten." Lisa fühlte eine Welle des Mitgefühls. Ihre Tochter war nicht ungehorsam — sie war überfordert.

Am nächsten Tag entwickelten sie gemeinsam einen Plan. Sie stellten einen kleinen Korb in die Küche, in den alle Geräte um 21 Uhr gelegt werden mussten — auch Lisas eigenes Handy. „Wenn wir beide das machen, wird es leichter", versprach sie. Sie kauften einen lustigen Wecker, damit Zoe ihr Handy nachts nicht brauchte, und erstellten eine Liste entspannender Aktivitäten vor dem Schlafengehen: Dehnen, Tagebuch schreiben, lesen oder beruhigende Musik hören.

Die ersten Nächte waren schwierig. Zoe griff ständig nach

ihrem „Phantom-Handy". Doch am Ende der Woche gab sie zu, dass sie sich morgens besser fühlte. Ihre Stimmung verbesserte sich. Sie lachte wieder mehr. Sie begann erneut zu zeichnen – etwas, das sie seit Monaten nicht mehr getan hatte.

Außerdem führten sie „Technikfreie Dienstage" ein. Jede Woche legte die ganze Familie nach dem Abendessen ihre Geräte für zwei Stunden weg. Anfangs fühlte es sich seltsam an – einfach ohne Bildschirme voreinander zu sitzen. Doch schon bald spielten sie Kartenspiele, probierten neue Rezepte aus und erzählten Geschichten. Es wurde zu einem ihrer liebsten Familienrituale.

Lisa ging noch einen Schritt weiter und installierte einen Bildschirmzeit-Tracker auf beiden Handys. Jeden Sonntagabend schauten sie gemeinsam auf die Zahlen. „Wow, du warst am Freitag fünf Stunden auf YouTube?", sagte Lisa lächelnd, ohne Vorwurf. Zoe verdrehte die Augen und lachte: „Okay, okay – diese Woche werde ich mich zusammenreißen." Sie begannen, das Ganze wie ein Spiel zu sehen – als Möglichkeit, bewusster zu werden, nicht um Schuldgefühle zu erzeugen.

Zoe begann schließlich, eigene Grenzen zu setzen. Sie löschte einige Apps, die sie als zu süchtig machend empfand. Während der Schulzeit schaltete sie Benachrichtigungen stumm. Sie überzeugte sogar zwei ihrer Freundinnen, „Handyfreie Freitage“ auszuprobieren. Der Unterschied in ihrer Energie, Konzentration und Kreativität war deutlich spürbar.

Eines Abends saß Zoe mit ihrem Skizzenblock auf der Veranda und zeichnete ruhig vor sich hin. Lisa setzte sich ohne Handy neben sie und genoss einfach die Abendluft. Zoe drehte sich zu ihr um und sagte: „Es ist komisch. Früher dachte ich, offline zu sein würde langweilig sein. Aber eigentlich fühlt es sich irgendwie ... friedlich an.“

Lisa lächelte. „Das ist die Magie von Balance.“

Kapitel 8: Aufbau Einer Langfristigen Cyber-Sicherheitskultur Zu Hause

Kinder und Jugendliche online zu schützen bedeutet nicht, einmalige Einstellungen vorzunehmen oder nur gelegentlich Gespräche zu führen – es bedeutet, langfristig eine Cyber-Sicherheitskultur im eigenen Zuhause aufzubauen. Das bedeutet, eine Familienumgebung zu schaffen, in der Cybersicherheit, Privatsphäre, Balance und Kommunikation fortlaufende Werte sind, die von allen gelebt werden – und nicht bloß Regeln, die Kindern auferlegt werden. Wenn Familien digitale Aufmerksamkeit genauso selbstverständlich behandeln wie Zähneputzen oder das Anschnallen im Auto, wird sie zu einer natürlichen Gewohnheit.

Dic Grundlage dieser Kultur ist kontinuierliche Kommunikation. Cyber-Sicherheit sollte ein regelmäßiges Thema sein und nicht nur dann auftauchen, wenn ein Problem entsteht. Planen Sie monatliche oder zweiwöchentliche „digitale Gespräche", um neue Apps, aktuelle Aktivitäten, veränderte Interessen oder Anpassungen der Familien-Technikregeln zu besprechen. Stellen Sie offene Fragen wie:

„Welche App gefällt dir im Moment am besten und warum?"

„Hast du online etwas gesehen, das dir seltsam vorkam oder dich unwohl fühlen ließ?"

„Gibt es neue Trends oder Begriffe, die ich kennen sollte?"

Der Schlüssel liegt darin, neugierig statt kritisch zu bleiben. Ihr Ziel ist es, eine Atmosphäre zu schaffen, in der Kinder sich sicher fühlen, über ihr digitales Leben zu sprechen – einschließlich ihrer Fehler. Lassen Sie sie wissen, dass sie jederzeit zu Ihnen kommen können, wenn sie etwas Gefährliches anklicken, eine beunruhigende Nachricht erhalten oder in Online-Drama geraten, ohne Angst vor Bestrafung oder Verurteilung haben zu müssen.

Passen Sie außerdem Ihre Technikregeln und Grenzen an das Alter Ihrer Kinder an. Was für ein neunjähriges Kind angemessen ist, funktioniert möglicherweise nicht mehr für einen Vierzehnjährigen. Wenn Kinder reifer werden, beziehen Sie sie in die Festlegung eigener Grenzen ein. Das vermittelt Verantwortung und hilft ihnen, die Gründe hinter Sicherheitsmaßnahmen zu verstehen. So könnten Jugendliche bestimmte soziale Medien mit überwachten Nutzungszeiten und regelmäßigen Kontrollen verwenden dürfen, während jüngere Kinder nur Zugang zu ausgewählten Plattformen mit strengen Kindersicherungen erhalten.

Machen Sie Cyber-Sicherheit zu einem gemeinsamen Familienwert und nicht nur zu einer elterlichen Regel. Lassen Sie Ihre Kinder sehen, wie Sie selbst Datenschutzwerkzeuge wie Passwort-Manager, Zwei-Faktor-Authentifizierung und VPNs verwenden. Sprechen Sie darüber, wie Sie mit Spam-Mails, Phishing-Versuchen und verdächtigen Links umgehen. Wenn Kinder erkennen, dass selbst Erwachsene aufmerksam bleiben müssen, wird digitale Sicherheit zu einer normalen lebenslangen Gewohnheit.

Eine besonders wirkungsvolle Strategie ist die Erstellung einer „Familien-Digital-Charta" – einer sichtbaren Liste digitaler Werte und Vereinbarungen, die in einem gemeinsamen Bereich aufgehängt wird. Dazu könnten Punkte gehören wie:

Wir sprechen offen über unsere Online-Erfahrungen.

Wir machen Pausen von Bildschirmen, um Zeit offline zu genießen.

Wir teilen keine privaten Informationen, ohne vorher nachzudenken.

Wir fragen um Erlaubnis, bevor wir Fotos von Familienmitgliedern posten.

Wir melden alles Unsichere oder Unfreundliche, das wir online sehen.

Verstärken Sie diese Prinzipien durch positive Bestärkung. Loben Sie Ihr Kind, wenn es kluge Entscheidungen trifft – etwa wenn es eine Spam-Nachricht ignoriert oder einem Freund bei Datenschutzeinstellungen hilft. Feiern Sie digitale Erfolge genauso wie schulische oder sportliche Leistungen.

Bleiben Sie außerdem informiert. Abonnieren Sie Newsletter von Organisationen für Online-Sicherheit, nehmen Sie an Schul-Webinaren teil oder folgen Sie Experten für digitale Erziehung. Technologie entwickelt sich schnell – neue Apps, Spiele und Betrugsmaschen erscheinen jede Woche. Eine Sicherheitskultur in der Familie bedeutet, gemeinsam weiterzulernen und sich anzupassen.

Integrieren Sie Cyber-Sicherheit in die allgemeine Lebensbildung. So wie Sie Kindern etwas über Geld, Beziehungen oder Kochen beibringen, sollten sie auch Datenschutz, Betrugserkennung, Online-Etikette und psychische Gesundheit im digitalen Raum verstehen. Zeigen Sie ihnen, wie man sich sicher online bewirbt, wie man mit negativen Kommentaren selbstbewusst umgeht und wie man seinen digitalen Fußabdruck verantwortungsvoll verwaltet, während man älter wird.

Und denken Sie daran: Ihr eigenes Verhalten ist die lauteste Lektion. Wenn Sie jedes Mal in Panik geraten, wenn ein

Problem auftaucht, oder Ihr Kind wegen Bildschirmfehlern beschämen, zerstören Sie die Kommunikation. Wenn Sie jedoch ruhig, lösungsorientiert und einfühlsam bleiben, schaffen Sie das Vertrauen, das langfristige Sicherheit erst möglich macht.

Der Aufbau einer Cyber-Sicherheitskultur hat nichts mit Perfektion zu tun – sondern mit Beständigkeit. Es bedeutet, sich bewusst dafür zu entscheiden, sich zu engagieren statt zu ignorieren, zu lehren statt zu kontrollieren und zu stärken statt einzuschränken. Wenn Sicherheit zu einer gemeinsamen Mission wird und nicht zu einer Last für Einzelne, profitiert die ganze Familie.

Nun schauen wir uns die Geschichte der Familie Chen an.

Die Familie Chen war schon immer technikfreundlich. Ihre Kinder, Leo (10 Jahre) und Maya (14 Jahre), waren mit Tablets, Spielkonsolen und Smartphones aufgewachsen. Der Vater arbeitete im IT-Bereich. Die Mutter nutzte täglich ihren Laptop für die Arbeit und Online-Kurse. Sie waren eine digitale Familie – doch in letzter Zeit fühlte sich alles irgendwie aus dem Gleichgewicht an.

Maya wurde zunehmend geheimnisvoll mit ihrem Handy. Leo war süchtig nach Roblox. Gespräche beim Abendessen verwandelten sich in Streit über Bildschirmzeit. Und eines Abends brach Maya wegen eines TikTok-Kommentars in Tränen aus – wollte aber nicht darüber sprechen. Da entschied ihre Mutter Aileen, dass sich etwas ändern musste.

Anstatt Geräte zu verbieten oder strengere Regeln einzuführen, schlug Aileen beim Frühstück etwas Neues vor: „Lasst uns einen digitalen Familienplan erstellen. Keine Regeln – nur Werte. Dinge, auf die wir uns alle einigen, damit wir Technologie nutzen können, ohne dass sie uns kontrolliert."

Zunächst waren die Kinder skeptisch. „Du willst doch nur, dass wir alles löschen", sagte Maya. „Überhaupt nicht", antwortete Aileen. „Aber wir werden anfangen, gemeinsam darüber zu sprechen."

An diesem Wochenende versammelten sie sich im Wohnzimmer und schrieben eine „Familien-Digital-Charta" auf ein großes Plakat. Jeder durfte etwas beitragen:

„Keine Handys am Tisch." (Leos Idee)
„Vor dem Posten von Fotos erst fragen." (Mayas Wunsch)
„Keine Bildschirme nach 21 Uhr." (Mama und Papa machten ebenfalls mit)

„Wenn uns online etwas seltsam oder beängstigend vorkommt, sprechen wir darüber."

Sie hängten das Plakat neben den Kühlschrank. Außerdem führten sie „Digitale Sonntage" ein — alle zwei Wochen ein 30-minütiges Familientreffen, bei dem darüber gesprochen wurde, was jeder online schaute, spielte oder erlebte. Maya erzählte, wie TikTok-Trends sie manchmal ängstlich machten. Leo fragte, warum Werbung für Dinge auftauchte, über die er laut gesprochen hatte. Der Vater erklärte, wie Handys Daten verfolgen, und zeigte ihnen, wie man die Standortfreigabe deaktiviert.

Schon bald wurden diese Gespräche selbstverständlich. Eines Abends kam Maya zu ihrer Mutter und sagte: „Ein Mädchen aus der Schule wird in einem Gruppenchat gemobbt. Was soll ich tun?" An einem anderen Abend zeigte Leo stolz, wie er eine Nachricht mit „Klicke hier für kostenlose Robux" ignoriert hatte. Er half sogar seinem Cousin dabei, ein gefälschtes Gaming-Konto zu melden.

Die Eltern gingen mit gutem Beispiel voran. Aileen begann, ihr Handy nachts in der Küche liegen zu lassen. Der Vater löschte einige Social-Media-Apps, die ihm zu viel Zeit raubten. Beide sprachen offen darüber, wie schwierig es manchmal war, die

Balance zu halten — und wie wichtig es war, bewusst offline zu gehen.

Die Familie erstellte sogar eine digitale „Bucket List" mit Offline-Aktivitäten, die sie gemeinsam ausprobieren wollten — Wandern, Malen, Backen und einen Garten im Hinterhof anlegen. Langsam veränderte sich die Stimmung im Haus. Technologie war nicht länger der Feind — sie war einfach ein Teil ihres Lebens und kontrollierte dieses nicht mehr.

Am Ende des Schuljahres waren die Chen-Kinder nicht perfekt — aber deutlich bewusster geworden. Maya half ihren Mitschülern dabei, ihre Instagram-Konten sicherer zu machen. Leo begann nachmittags Geschichten zu schreiben, statt ständig zu spielen. Und als die Kinder ihre Zeugnisse bekamen, hängte Aileen eine Notiz an den Kühlschrank: **„Cyber-Sicherheits-Champions — Ganze Familie Note Eins Plus"**.

Denn im Hause Chen war digitale Sicherheit kein einmaliges Gespräch. Sie war ein Lebensstil — aufgebaut auf Vertrauen, Teamarbeit und dem gemeinsamen Ziel, in einer vernetzten Welt klug, stark und sicher aufzuwachsen.

Balance zu halten – und wie wichtig es war, bewusst offline zu gehen.

Die Familie erstellte sogar eine digitale „Bucket List“ mit Offline-Aktivitäten, die sie gemeinsam ausprobieren wollten – Wandern, Malen, Backen und einen Garten im Hinterhof anlegen. Langsam veränderte sich die Stimmung im Haus. Technologie war nicht länger der Feind – sie war einfach ein Teil ihres Lebens, und kontrollierte dieses nicht mehr.

Am Ende des Schuljahres waren die Chen-Kinder nicht perfekt – aber deutlich bewusster geworden. Maya half ihren Mitschülern dabei, ihre Instagram-Konten sicherer zu machen. Leo begann, Geschichten zu schreiben, statt ständig zu spielen. Und als die Kinder ihre Zeugnisse bekamen, klebte Alex eine Notiz an den Kühlschrank: „Unser Motto: [illegible] [illegible]“

Denn im Hause Chen war digitale Sicherheit kein einmaliges Gespräch. Sie war ein Lebensstil – aufgebaut auf Vertrauen, Teamarbeit und dem gemeinsamen Ziel, in einer vernetzten Welt klug, stark und sicher aufzuwachsen.

Kapitel 9: Jugendliche Auf Ein Eigenständiges Digitales Leben Vorbereiten

Wenn Kinder zu Jugendlichen heranwachsen und sich auf das Erwachsenenleben vorbereiten, verändert sich auch Ihre Rolle — vom direkten Beschützer hin zum vertrauenswürdigen Ratgeber. Sie haben Ihrem Kind geholfen, sichere Gewohnheiten zu entwickeln, doch jetzt geht es darum, unabhängiges digitales Urteilsvermögen aufzubauen — die Fähigkeit, verantwortungsvolle Entscheidungen zu treffen, wenn Jugendliche allein unterwegs sind, nicht mehr zu Hause wohnen oder ihre eigenen Geräte, Finanzen und Beziehungen verwalten. Dieses Kapitel soll Jugendliche dazu befähigen, online eigenständig klug zu denken, zu handeln und zu reagieren — auch ohne ständige Überwachung.

Beginnen Sie damit, den Fokus von Regeln auf Werte zu verlagern. In früheren Lebensphasen dienen Grenzen oft der Einschränkung: „Keine Bildschirme nach 21 Uhr" oder „Nur genehmigte Apps". Doch mit zunehmender Reife wirken Werte stärker als Befehle. Dazu gehören digitale Integrität, persönliche Verantwortung, emotionale Intelligenz und

Online-Empathie. Statt einfach Regeln vorzugeben, stellen Sie Fragen wie:

„Welche Art von digitaler Präsenz möchtest du aufbauen?"
„Was würdest du tun, wenn dich jemand unter Druck setzt, etwas Privates zu teilen?"
„Wie würdest du reagieren, wenn ein Freund etwas postet, mit dem du nicht einverstanden bist?"

Ermutigen Sie Jugendliche dazu, ihren eigenen „digitalen Kodex" zu entwickeln – eine kurze Liste von Prinzipien, nach denen sie online leben möchten. Dieser könnte beispielsweise beinhalten:

Ich teile keine persönlichen Informationen, ohne zweimal nachzudenken.
Ich nutze keine anonymen Plattformen, um Dinge zu sagen, die ich niemandem persönlich sagen würde.
Ich greife ein, wenn ich Mobbing sehe, auch wenn es unangenehm ist.
Ich mache digitale Pausen, wenn ich mich erschöpft oder überfordert fühle.

Bereiten Sie Jugendliche anschließend auf reale digitale Situationen vor, denen sie bald begegnen werden:

Online-Einkäufe: Erklären Sie, wie man gefälschte Shops, sichere Zahlungsseiten und die Gefahr erkennt, Kreditkartendaten in unsicheren Apps zu speichern.

Bewerbungen: Zeigen Sie, wie unangemessene Inhalte aus sozialen Medien entfernt werden und wie man sich online professionell präsentiert.

Öffentliche WLAN-Netzwerke: Erklären Sie die Risiken des Einloggens in Konten über ungesicherte Netzwerke und wann VPNs sinnvoll sind.

Digitale Betrugsmaschen: Besprechen Sie typische Tricks wie gefälschte Praktikumsangebote, „dringende" Passwort-Reset-E-Mails oder Phishing-Nachrichten per SMS und Direktnachrichten.

Bringen Sie Jugendlichen bei, ihren digitalen Fußabdruck kritisch zu betrachten. Googeln Sie gemeinsam ihren Namen. Was erscheint? Sind ihre Konten privat oder öffentlich? Könnte jemand anhand ihrer Beiträge oder Fotos leicht ihre Schule, Adresse oder ihren Tagesablauf herausfinden? Diese Übung verdeutlicht eindrucksvoll, wie lange das Internet Informationen speichert – und wie wichtig es ist, eine bewusste digitale Identität aufzubauen.

Helfen Sie Ihrem Teenager außerdem, Konfliktfähigkeit aufzubauen. Früher oder später werden Jugendliche mit

Online-Streitigkeiten, Ausschluss aus Gruppenchats, Ghosting oder sogar Belästigung konfrontiert werden. Statt sofort Lösungen vorzugeben, stellen Sie Fragen wie:

„Wie hat sich das für dich angefühlt?"
„Welche Reaktion wäre deiner Meinung nach respektvoll?"
„Was würdest du dir wünschen, wenn du in der Situation der anderen Person wärst?"

Dadurch erhalten Jugendliche Raum zum Nachdenken, Reflektieren und Treffen besserer Entscheidungen. Erinnern Sie sie daran, dass Weggehen, Stummschalten oder Blockieren oft die klügste Reaktion ist — und nicht das Zurückschlagen.

Sprechen Sie auch über digitale emotionale Hygiene — die regelmäßige Praxis, digitalen Ballast zu reduzieren und die eigene mentale Gesundheit online zu schützen. Ermutigen Sie Jugendliche, Konten zu entfolgen, die Unsicherheit oder Angst auslösen, Apps zu löschen, die sie nicht mehr nutzen, und regelmäßige Pausen von Plattformen einzulegen, die überwältigend wirken.

Beziehen Sie Jugendliche schließlich in die Cybersicherheitsentscheidungen der Familie ein. Bitten Sie sie, neue Geräte sicher einzurichten, WLAN-Datenschutzeinstellungen zu überprüfen oder gemeinsam Passwort-Manager zu recherchieren. Behandeln Sie sie als Partner und nicht als passive Nutzer. Dadurch entsteht Selbstvertrauen, und Jugendliche erkennen, dass digitale Verantwortung eine Lebenskompetenz ist – keine bloße Kinderregel.

Die Vorbereitung auf ein eigenständiges digitales Leben geschieht nicht über Nacht. Sie entwickelt sich durch Vertrauen, Erfahrungen und Wachstum. Jugendliche werden Fehler machen – doch diese Fehler werden zu wertvollen Lernmomenten, wenn Sie mit Geduld statt Panik reagieren. Das ultimative Ziel ist nicht nur Sicherheit, sondern digitale Reife – die Fähigkeit, kluge Entscheidungen zu treffen, auch wenn niemand zusieht.

Die überraschende Social-Media-Geschichte

Der siebzehnjährige Jordan war begeistert, sich für sein erstes Praktikum zu bewerben. Es handelte sich um eine bezahlte Remote-Stelle bei einer gemeinnützigen Organisation, die er über einen Beitrag in sozialen Medien gefunden hatte. Er klickte auf den Link, lud seinen Lebenslauf hoch und füllte ein kurzes Formular aus. Innerhalb weniger Stunden erhielt er eine Antwort: „Herzlichen Glückwunsch! Sie wurden für ein Vorstellungsgespräch ausgewählt. Bitte senden Sie Ihre

Telefonnummer, vollständige Adresse und eine gescannte Kopie Ihres Schülerausweises."

Irgendetwas fühlte sich falsch an. Die E-Mail war in schlechtem Englisch geschrieben, die Absenderadresse wirkte seltsam, und die Webseite war verschwunden, als er sie erneut besuchen wollte. Zum ersten Mal beschloss Jordan, seinen Vater Marcus um Hilfe zu bitten.

Marcus hörte aufmerksam zu und lobte Jordan für seine Vorsicht. Gemeinsam recherchierten sie das Unternehmen und fanden eine Warnung in einer Datenbank für Jobbetrug – die Anzeige war gefälscht. Jordan atmete erleichtert auf. „Ich hätte ihnen fast alles geschickt", sagte er. „Es wirkte so echt."

An diesem Abend sprachen sie stundenlang miteinander. Marcus schimpfte nicht und machte Jordan keine Vorwürfe. Stattdessen sagte er: „So etwas passiert jedem – sogar Erwachsenen. Entscheidend ist, was wir daraus lernen." Er zeigte Jordan, wie man Phishing-Mails erkennt, Webseiten überprüft und eine separate E-Mail-Adresse für Bewerbungen verwendet.

Am nächsten Tag überprüften sie gemeinsam Jordans soziale Medien. „Wenn ein Arbeitgeber deinen Namen googelt", fragte Marcus, „was sieht er dann?" Jordans TikTok war voller

Memes — harmlos, aber albern. Sein Instagram enthielt einige provokante Bildunterschriften. „Nichts Schlimmes", sagte Marcus, „aber vielleicht nicht das Erste, womit du dich präsentieren möchtest." Jordan nickte. Gemeinsam stellten sie seine Konten auf privat und erstellten stattdessen ein professionelles LinkedIn-Profil — sauber, ehrlich und seriös.

Einige Wochen später erhielt Jordan ein echtes Jobangebot. Dieses Mal war er vorbereitet. Er überprüfte die Domain des Absenders, recherchierte die Führungskräfte des Unternehmens und stellte kluge Fragen im Bewerbungsgespräch. „Danke, dass du mir beigebracht hast, Dinge zu überprüfen", sagte er danach zu seinem Vater. „Jetzt habe ich wirklich das Gefühl, zu wissen, was ich tue."

Ihre Gespräche wurden tiefer. Eines Abends erzählte Jordan Marcus von einem Gruppenchat, der gemein geworden war — Freunde machten sich hinter dem Rücken eines anderen Jungen lustig. „Was soll ich tun?", fragte Jordan. Marcus gab keine direkten Anweisungen. Stattdessen fragte er: „Was glaubst du selbst, wäre das Richtige?" Nach einer langen Pause sagte Jordan: „Ich glaube, ich verlasse den Chat. Und vielleicht frage ich den Jungen mal, wie es ihm geht."

Nach und nach begann Jordan, Verantwortung für seine Entscheidungen zu übernehmen. Während des Lernens schaltete er Benachrichtigungen stumm. Einige Apps, die ihn nur erschöpften, löschte er ganz. Er half sogar seiner jüngeren Schwester dabei, ihr neues Tablet einzurichten – inklusive sicherer Datenschutzeinstellungen.

Bei der Abschlussfeier lächelte Marcus stolz, als Jordan vor seiner Klasse sprach. „Die Welt ist kompliziert", sagte Jordan in seiner Rede, „aber wir haben die Werkzeuge, um sie zu verstehen – online und offline."

Es war offensichtlich: Jordan war nicht nur technikaffin. Er war digital reif geworden. Und seine Reise begann in dem Moment, als ihm jemand vertraute, zu lernen – statt einfach nur Regeln zu befolgen.

Epilog: Digitale Bürger Für Eine Sicherere Zukunft Erziehen

Das Ziel dieses Leitfadens war niemals, Ihnen Angst zu machen oder Sie zu überwältigen. Sein Ziel war es, Sie zu stärken. Denn Elternschaft im digitalen Zeitalter erfordert mehr als Geräteeinschränkungen und Passwortschutz – sie erfordert einen Wandel der Denkweise. Unsere Kinder nutzen Technologie nicht einfach nur – sie wachsen in ihr auf. Sie bauen Beziehungen auf, lernen, drücken sich aus und formen ihre Identität innerhalb dieser digitalen Welt. Und das bedeutet, dass wir als Eltern und Erziehungsberechtigte uns gemeinsam mit ihnen weiterentwickeln müssen.

Cyber-Sicherheit ist längst keine kurzfristige Lösung mehr. Sie ist eine Lebensweise geworden. Sie zeigt sich in der Sprache, die wir am Esstisch verwenden, wenn wir unsere Kinder fragen, was sie heute online gesehen haben. Sie zeigt sich in den Routinen, die wir schaffen, wenn wir während der Familienzeit Handys weglegen oder offen über Gefühle sprechen, die durch soziale Medien ausgelöst wurden. Sie zeigt sich in der Kultur, die wir etablieren, wenn wir kluge Entscheidungen loben, virale Trends hinterfragen und unsere Kinder bei Fehlern unterstützen – statt sie dafür zu beschämen.

Ja, es gibt Gefahren – Cybermobbing, Raubtiere, Betrug, unangemessene Inhalte und Abhängigkeit. Aber es gibt auch Chancen – die Möglichkeit, sich mit Menschen aus anderen Kulturen zu verbinden, von den besten Lehrern der Welt zu lernen, Mentoren zu finden, Gemeinschaften aufzubauen und kreativ zu sein. Unsere Aufgabe besteht nicht darin, Kinder von Technologie fernzuhalten – sondern ihnen beizubringen, wie sie klug, bewusst und selbstbewusst darin leben können.

Wenn Sie jedes Kapitel dieses Buches verfolgt haben, besitzen Sie nun eine Grundlage:

Sie verstehen die digitalen Welten, in denen Ihre Kinder leben.

Sie wissen, wie man gesunde Grenzen setzt, ohne Vertrauen zu zerstören.

Sie haben Werkzeuge für Kindersicherung kennengelernt und gelernt, Verantwortung schrittweise zu übertragen.

Sie haben erfahren, wie man kritisches Denken fördert und die emotionale Gesundheit im digitalen Raum unterstützt.

Sie haben gesehen, wie man eine Familienkultur aufbaut, in der Cyber-Sicherheit ein gemeinsamer und dauerhafter Wert ist.

Und vor allem haben Sie begonnen, Ihre Rolle zu verändern – vom Regelgeber zum digitalen Mentor.

Sie müssen nicht auf alles eine Antwort haben. Sie müssen kein Cybersicherheitsexperte sein. Sie müssen einfach nur beteiligt, informiert und bereit sein, gemeinsam zu wachsen. Denn der größte Schutz, den Ihr Kind hat, ist nicht Software – sondern Sie. Ihre Präsenz, Ihr Interesse und Ihre Bereitschaft zuzuhören und mit Ihrem Kind zu lernen. Genau das macht den Unterschied.

Gehen Sie auch in Zukunft flexibel mit Veränderungen um. Neue Plattformen werden entstehen. Neue Bedrohungen werden auftauchen. Aber ebenso werden neue Möglichkeiten entstehen, sich zu verbinden, kreativ zu sein und etwas beizutragen. Bleiben Sie neugierig. Fragen Sie Ihre Kinder weiterhin nach ihren Lieblings-Apps, neuen Spielen oder Online-Erlebnissen. Lassen Sie sich von ihnen Dinge erklären. Und wenn etwas schiefgeht – denn irgendwann wird etwas schiefgehen – dann seien Sie der sichere Ort, zu dem sie zurückkehren können.

Eines Tages werden Ihre Kinder auf eigenen Beinen stehen. Sie werden Entscheidungen darüber treffen, was sie teilen, posten, beantworten oder wem sie vertrauen – ohne dass Sie danebenstehen. Doch die Werte, die Sie ihnen vermittelt haben, die Gespräche, die Sie geführt haben, und das Beispiel, das Sie vorgelebt haben, werden sie begleiten. Sie werden Ihre

Stimme im Kopf hören: „Ist das sicher? Ist das klug? Wird mir das helfen oder schaden?"

Und vielleicht – nur vielleicht – werden sie eines Tages dieselben Lektionen an ihre eigenen Kinder weitergeben.

Letztendlich geht es nicht nur darum, die Geräte Ihrer Kinder zu schützen. Es geht darum, ihre Würde, ihre Zukunft und ihr Selbstvertrauen zu schützen – online wie offline. Und das ist eine Aufgabe, für die es sich lohnt, sich jeden einzelnen Tag einzusetzen.

Bevor wir abschließen, sprechen wir noch über die Familie Flores und ihre Geschichte.

Es war ein warmer Sonntagabend, und die Familie Flores saß gemeinsam um die Feuerstelle im Garten. Die Kinder, Nia (16) und Dylan (12), rösteten Marshmallows, während ihre Eltern Miguel und Janessa über die kommende Woche sprachen. Zum ersten Mal seit Langem hatte niemand ein Handy in der Hand. Keine Bildschirme, keine Hintergrundmusik – nur Geschichten, Lachen und Sterne.

Früher an diesem Tag hatte Dylan seinem Vater geholfen, die Sicherheitseinstellungen des heimischen WLANs zu aktualisieren. Nia hatte ihrer Mutter gezeigt, wie man die Zwei-Faktor-Authentifizierung in sozialen Medien aktiviert.

Solche Momente waren inzwischen Teil ihres Alltags geworden — selbstverständlich und nicht erzwungen.

Doch so war es nicht immer gewesen. Es hatte Streit gegeben, Diskussionen über Grenzen und Fehler — wie damals, als Nia auf eine gefälschte Stipendienanzeige klickte oder Dylan in einem hitzigen Gaming-Chat etwas sagte, das er später bereute. Doch jedes Mal reagierten Miguel und Janessa nicht mit Strafen. Stattdessen näherten sie sich ihren Kindern mit Verständnis. Sie verwandelten Vorfälle in Lektionen. Gespräche ersetzten Vorträge. Vertrauen ersetzte Angst.

Mit der Zeit geschah etwas Erstaunliches: Die Kinder begannen, ihre Bildschirmzeit selbst zu regulieren. Sie stellten sich Fragen, bevor sie etwas posteten. Sie wählten bessere Passwörter. Sie bemerkten, wenn bestimmte Inhalte sie ängstlich machten, und machten bewusst Pausen. Nicht weil eine Regel es verlangte — sondern weil sie gelernt hatten, die Zeichen zu erkennen und auf sich selbst zu hören.

Nia leitete sogar einen Workshop in der Schule mit dem Titel „Denke nach, bevor du klickst". Dylan gestaltete ein Poster über Phishing-Betrug für ein Schulprojekt. Und zu Hause entwickelten sie gemeinsam neue digitale Traditionen — wie „Digitale Freitage" ohne Geräte und einen jährlichen

„Cyber-Frühjahrsputz“, bei dem sie Konten überprüften, alte Apps löschten und neue Ziele setzten.

An diesem Abend am Feuer betrachtete Miguel seine Familie und spürte etwas Seltenes im Zeitalter ständiger Vernetzung: Frieden. Ihm wurde klar, dass sie das digitale Leben nicht nur überlebten – sie lebten erfolgreich darin. Sie hatten ein Zuhause geschaffen, in dem Fehler mit Verständnis begegnet wurden, Fragen willkommen waren und jeder ein Mitspracherecht bei der Nutzung von Technologie hatte.

Janessa wandte sich an die Kinder und fragte: „Was ist eine Sache, die ihr dieses Jahr über das Online-Sein gelernt habt?“

Dylan sagte: „Dass nicht alles so ist, wie es scheint. Und dass es okay ist, wegzugehen.“

Nia fügte hinzu: „Dass Privatsphäre Macht bedeutet. Und dass ich selbst entscheiden darf, wie viel von mir das Internet sehen soll.“

Miguel und Janessa lächelten.

Sie hatten nicht auf alles eine Antwort. Aber sie hatten etwas Besseres – eine Familienkultur, in der über digitales Leben gesprochen wurde, in der man gemeinsam damit umging und in der Liebe statt Angst den Umgang mit Technologie bestimmte.

Und in diesem Moment, unter den Sternen, mit klebrigen Fingern und erfüllten Herzen, wussten sie: Ihre Kinder waren bereit.

Nicht perfekt zu sein.
Sondern vorbereitet zu sein.

www.ingramcontent.com/pod-product-compliance
Lightning Source LLC
LaVergne TN
LVHW040521210926
848480LV00007BA/1546
9798256034672